Series 教師のチカラ

道徳授業は自分でつくる

35の道しるべ

佐藤幸司 Koji Sato

『教師のチカラ』シリーズ　発刊によせて

教師よ、元気になれ！　そのために〈教師のチカラ〉をつけよう！

このメッセージを全国の教師たちに届けたい——これが本シリーズを企画した目的です。

教育現場は今、私が教師になった二十数年前とは比較にならぬほど〝どんでもない状況〟になっています。トップダウンで様々な教育施策が次々と現場に〝おろされ〟る中、職員室でパソコンに向かい様々な報告文書を作成する教師の姿ばかりが見られるようになりました。一方、我が子に社会の常識やルールを教えようとせず・自己欲求を押し通そうとする保護者から、理不尽なクレームを浴びせられるケースが急増しています。

こうした中で、希望と自信と元気をなくしている現場教師は少なくありません。また、「子どもをこうしたい」という理想に燃えて教師になったはずの若手教師が、新たな意欲的試みをしようとせず、教育実践面で〝老いて〟います。このままでは我が国の教育はダメになる、子どもたちがダメになる——これは決して大袈裟な言い方ではありません。

では、現代の子どもたちには「力」がないのでしょうか？　そんなことはありません。全力を出して学習する、汗水流して働く、少々の困難に挫けず頑張る——こうした「力」が〝冬眠状態〟になっているだけなのです。

この〝冬眠状態〟の「力」を引っ張り出し、正しい方向に発揮させていくのが教師の仕事であり、それを可能とする【教師力】が教師には求められます。【教師力】は教職年数と比例して自然と身につくモノではありません。

【教師力】を身につけるために何をすればいいのか？――この「問い」に対する一つの「回答」、多くの「ヒント」を、『教師のチカラ』シリーズでお届けします。『教師のチカラ』シリーズは、「こうしたらこうなった」というやり方だけを示した「ノウハウ本」ではありません。「何のためにこの実践をするのか」といった〈そもそも論〉を含め、次の四点が記されたシリーズです。

A　目指すべき子どもたちの「姿」
B　実践群を創出した基本的「考え」
C　実践群の「事実」
D　BからCに至る道筋

だからこそ『教師のチカラ』シリーズは、【教師力】を伸ばすための第一歩を踏み出そうとするあなたのお役に立つはずです。本シリーズが【教師力】の確実なレベルアップの一助となり、いつの日かあなたと実践者としてお会いできる事を願いつつ……

二〇〇八年一月

『教師のチカラ』シリーズ企画責任者・「道徳教育改革集団」代表

深澤　久

はじめに

道徳授業は、自分でつくる。
担任から子供たちへ
あふれんばかりの思いがこもっていれば
それでいい。

道徳授業は自分でつくる　35の道しるべ　目次

第4章 道徳の時間が待ち遠しくなる

第5章 道徳授業の力を信じる

第1章
道徳授業をつくるはじめの一歩

二年生最後の道徳の時間。
「道徳には、すごい力があると思いました」と感想を書いた子がいた。

遠足でのバスの中。ガイドさんへの自己紹介で、
「わたしが得意な勉強は、道徳です」と答えた子がいた。

卒業式当日。
「私は、将来、教師にはなりません。
でも、先生のような道徳の授業をしてみたいです」
という手紙をくれた子がいた。

だから、道徳の時間がいるのである。

1 そもそもなぜ道徳の時間がいるのか

「道徳」には、悲しい現状がある。

運動会や文化祭などの行事が近づいて学校内が錯綜しているとき。または、学期末の通知表作成で忙しい時期。そんなとき、真っ先に行事の練習や教科の学習に「振り替え」られるのが、「道徳」である。

道徳授業が、「振り替え」のトップスターを演じる。

残念ながら、このような現状が学校現場にはまだ残っている。

「道徳」は、教科ではない。だから、教科書（教科用図書）がない。

「道徳」のワークテストも、どこの教材会社からも販売されていない。

通知表や指導要録にも、道徳の時間を評定する項目はない。

「道徳」を一時間やったからといって、子供が劇的に変化するわけではない。しかも、道徳教育は、道徳の時間だけでなく、学校生活全般を通じて行われている。

だったら、道徳の時間なんかいらないのではないのか。

そもそも、なぜ道徳の時間がいるのだろうか。

この問いに対する答えは、教師が見つけ出すしかない。

教室という同じ空間を子供たちと過ごす。「道徳」という同じ時を子供たちと過ごす。同じ空間と時を共有していくうちに、道徳授業で培われた力が、具体的な子供の姿として現れる瞬間に出会うことができる。

道徳授業の手ごたえを教師が実感すること――。

道徳授業が毎週一時間、年間三十五時間きちんと実施されるかどうかは、教師の意識にかかっているのである。

では、子供たちは、道徳授業の存在をどう思っているのだろうか。

二年生最後の道徳の時間。子供たちは、こんな感想を書いた。抜粋して示す。

どれもいいことばかりでした。だから、わたしは、道徳が大好きです。心にひびいて、やさしくなれる気がしました。道徳は、心をやさしくするんだなあと思いました。

ぼくは、道徳をやったとき、心がいい気分になってきます。道徳をやると、こんなにいっぱい思い出ができるとは思っていませんでした。道徳は、はげましてくれる勉強だと思いました。道徳には、すごい力があると思いました。ぼくは、道徳ですばらしいことをおぼえました。

今まで勉強してきた道徳、全部、全部、心の中にひびいてくるような気がします。道徳をすれば、だれでも心の中がやさしくなれると思います。だって、心にひびいて、わすれられないんだもの。わすれないじゃなくて、わすれられないんだ。みんなそうだと思います。道徳って、あってよかったなあと思っています。


「道徳が大好きです」

「道徳には、すごい力があると思いました」

「道徳って、あってよかったなあと思っています」

授業を受けてきた子供が言うのである。

ならば私たちは、子供が大好きなすごい力のある道徳授業を、自分でつくり出していこうではないか。

それができるのは、私たち教師だけなのである。

日本中の子供たちから「道徳って、あってよかった」と言ってもらえたら、道徳授業も幸せである。


―子供の素朴な言葉に授業の事実がある―

子供の実態と道徳の資料、どちらが先にあるのか。

私は、あえて誤解を恐れず〝資料が先です〟と答える。

まずは、謙虚に資料と向き合う。そして、この資料から何を子供たちに伝えることができるのかを考える。

だが、
そういう資料に出会えるのは、「こんな子供に育てたい」という教師の思いがあるからなのである。

2　どんな子に育てたいのか　教師自身の思いを持つ

「この授業は、偶然、この資料が見つかったからできたのではないですか」

自分で道徳授業をつくっていると、こんな質問を受けることがある。

「まず先にあるのは、子供の実態である。資料が先にあるのは、おかしい」という批判を含んだ質問である。

私は、この類いの質問（批判）には、次のように答える。

例えば、ある新聞記事を目にしたとする。その記事の内容を見て、「これは、授業で使えそうだな」と感じる人と、何も感じない人がいる。「授業で使ってみよう」と思ってその記事をとりあえず切り抜いておく人と、見ただけで終わってしまう人がいる。切り抜いた記事を、折り目をつけないようにファイルに入れて保管しておく人と、どこかに置いて紛失してしまう人がいる。保管しておいた記事を授業でどう使うかを考える人と、保管しておいたことを忘れてしまう人がいる。そして、実際に授業で使える教材に仕上げる人と、考えただけで授業実践までには行かない人がいる。

この差は、どこからくるのだろうか。

それは、目の前の子供たちをどんな子に育てたいのか、明確な思いを教師が持っているかどうかにかかっている。自分の学級の子供たちをこんなふうに育てたい。自分は、子供たちといっしょにこんな道徳授業をしてみたい。そういう思いを持っていると、授業のネタは、向こうから飛び込んで来るようになる。

子供の実態が先か？　資料が先か？

これは、

「たまごとニワトリ、どちらが先か？」

を問うようなものである。子供への思いがなければ、資料は見つからない。逆に、いい資料に出会わなければ、魅力のある授業をつくることはできない。

自作教材で道徳授業を行っていると、もう一つよく聞かれることがある。

「年間指導計画は、どうなっているのですか」

という質問である。

大切なのは、計画ではなく実践である。こちらが具体的実践を示しているのに、計画はどうなっているかとは失礼な話である。けれども、なぜか年間指導計画のことが気になる人が多いらしい。

もちろん、無計画の行き当たりばったりの授業がいいわけではない。だが、副読本の主題一覧をならべただけの年間指導計画にしばられた授業と、担任教師が自らの思いを込めて開発した教材を使った授業とで、どちらの授業が子供の心をとらえるかは言うまでもないだろう。年間指導計画のことをとやかく言われるのは、要するに、道徳授業がきちんと実施されていない現状があるからなのである。

私は、道徳授業のカリキュラムを計画ではなく、学習の軌跡としてとらえている。カリキュラムとは、指導計画と同義ではない。指導計画は、カリキュラムの一部分にすぎない。指導計画に基づき、どんな学習が行われたのかを示していくのが、カリキュラムづくりである。

年度当初、「道徳」の年間計画の欄は白紙である。私の頭の中には、いくつかの〝旬〟に合わせた道徳授業のイメージがある。だが、それは固定されたものではなく、より適した教材が見つかればその都度計画を修正していく。

一学期が終了したとき、四月から七月までの道徳授業の軌跡が残されることになる。そのとき、それまでに取り扱った「内容項目」をチェックする。まだ扱っていない「内容項目」があれば、次の学期以降の授業で扱っていくようにする。年度末、自分の学級で実施した三十五時間分の道徳授業の軌跡が残る。これで、一年間の道徳授業のカリキュラムが完成する。

自分が育てたい子供の姿と、自分が実施したい道徳授業の姿を具体的にイメージしてみる。すると、当然の帰結として、自作資料の開発と学級独自の道徳授業のカリキュラムづくりへと行き着く。

―授業づくりを支えているのは教師の思いである―

教材開発の秘訣があるとしたら、
それはただ一つ、
出会いを楽しむことだ。
資料との出会い、
資料を通じた人との出会い、
そして、最大の楽しみは、
授業を行うときの子供たちとの出会いである。

3 プラス１の努力を楽しむ

教材づくりのコツは、「プラス１の努力」である。

例えば、使えそうな新聞記事を見つけたときには、切り抜いてファイルに保管しておく。テレビの脇にはいつもビデオテープを置いておき、子供に見せたい映像が出てきたときにすぐ録画できるようにしておく。これからは、ビデオテープよりもハードディスクに録画できるＤＶＤの方が便利である。だが、ＤＶＤ機器がまだそろっていない学校が少なくない。教室で使うことを考えると、当分はビデオテープが使いやすい。

書店に行ったときには、教育書コーナーばかりにいないで、道徳で使えそうな本はないかどうか店内をぐるりと見回してくる。

そうしたほんの少しの努力が、いい資料との出会いにつながる。これが苦痛になっては長続きしない。ほんのわずかな「プラス１」の努力で十分である。「プラス１」の努力を楽しみながら教材づくりを行ってみてはいかがだろうか。

また、資料に出会ったとき、「子供たちに伝えたい何か」を感じる感性を磨いておくことも大切である。それには、まず、

「道徳授業は、こうでなければならない」という既成の概念を一度壊してみることだ。

例えば、『ザ・シェフ』という漫画で、ある国の大臣がやってきた話がある。

この大臣は、大変な美食家で、料理がおいしくなければ外交も成り立たない。総料理長が準備した料理を大臣は一口食べただけで席を立ってしまう。次の場面で、味沢シェフが登場する。彼は依頼を受けて一週間後、おでんのような家庭料理を出す。大臣は、一口食べてはっとして涙を流した。

『ザ・シェフ』剣名舞・原作、加藤唯史・劇画（日本文芸社）

味沢シェフは大臣の故郷に行き、その地方にしか生えていないハーブをとってきたのである。大臣は幼い頃家が貧しくて、隣国の王に拾われた経歴があった。故郷の味・母親の味を思い出させるハーブが入った料理が、大臣にとって何よりのご馳走だったのである。

この授業で、子供たちに聞いてみた。

「みんなが好きな料理は、何ですか」

子供たちからは、「お母さんが作ってくれたお弁当」だとか、「おばあちゃんが作ってくれる……」だという発表があった。

「家族との関わり」について考えさせることを主眼に行った授業※である。

この漫画は、たしか床屋さんで順番待ちをしているときに偶然読んだように記憶している。そのときは、もちろん授業で使えるなどと思ったわけではない。家族との関わりについて考えさせたいと思ったときに、この漫画のことを思い出したのである。『ザ・シェフ』は、人気シリーズである。リサイクル書店に行けば見つかるかもしれないと思い、足を運んでみた。すると、『ザ・シェフ』第一巻の第一話（MENU-1）に載っていたのがこの話であった。

漫画も立派な道徳教材になるのである。

『ザ・シェフ』は、大人向けコミック本である。でも、提示の仕方を工夫することによって、小学校低学年でも使える道徳教材になる。

「内容項目」は、後からついて来る。私は「家族愛」を主な項目として位置づけた。郷土の自然や特産物に焦点を当てれば、「郷土愛」を扱った授業にもなる。

堅苦しい理屈は、気にしないことだ。その中に「子供たちに伝えたい何か」を感じたときから、教材開発が始まる。「何か」が何なのかは、分からない。言葉に表せないから「何か」なのである。その「何か」を学習指導要領の「内容項目」に当てはめて分類してみると、「家族愛」だったり「郷土愛」だったりするだけのことなのである。

―教材開発に大切なのは努力を楽しむ心の余裕である―

※『とっておきの道徳授業Ⅴ』佐藤幸司・編著（日本標準）九ページ参照。

いつから教師は
教えることを躊躇するようになったのだろうか。
子供が知らないことは、教師が教える。
シンプルに考えればいいのだ。
子供の主体的な学びは、
教えるべきことを教えてこそ広がっていくのである。

4 「教えて悪い」のではない

「道徳」は、子供たちの心の内面に関わる時間である。巷には、個性重視だの、価値観の多様化だの、聞こえのいい言葉があふれている。そのため、教師は、教えることに臆病になってしまうことがある。

では、道徳の時間に、教師が教えたいことを教えてはならないのだろうか。

そんなことはない。

悪いことは悪いと、きちんと教える。正しいことは正しいと、はっきり教える。子供たちが知らないことは、分かりやすく教える。

道徳授業においても、当然、重視すべきことである。

子供は、授業で、それまで知らなかった新しい何かを知る（教師は、子供たちに、この授業を受けなければ知ることができなかった何かを教える）。子供は、何かを知ったからこそ（教師が何かを教えたからこそ）、考えるのである。

「だからタバコを吸ってはいけないのである」[※]という授業がある。駅のホームで、喫煙を注意された女子高生のエピソードが資料である。

※『とっておきの道徳授業Ⅲ』佐藤幸司・編著（日本標準）九ページ参照。

子供たち（六年生）に、

「高校生がタバコを吸うことをどう思いますか」

と聞いてみた。すると、

「タバコの害をきちんと教えればいい」

「親がタバコを吸わせないようにするべきだ」

という返答があった。ところが、

「自分で、健康に悪いことも知っていながら、それでも吸っているのだから、別にいいのではないか」

という意見が出された。子供たちからは、

「それもそうだよね……」

というつぶやきが聞こえた。


ここは、子供の話し合いに任せる場面ではない。子供たちは、何らかの自分の経験に基づいて意見を出している。それは、道徳の時間に限らず大切なことである。だが、子供の経験には限界がある。たかだか十数年しか人生を生きていない子供たちである。知らないことは教える。子供の「自主性」にすべてをゆだねるのは、無責任である。

どんな理由をつけようとも、高校生がタバコを吸ってはならないのである。

その根拠は、法である。「未成年者喫煙禁止法」の存在である。

この法律は、①未成年者喫煙の禁止、②煙草と器具の没収、③親権者の処罰、④販売者の義務、⑤販売者の処罰、⑥販売責任者の処罰の六項目からなる。

子供たちは、未成年者の喫煙によって、本人だけでなく、親や販売者も処罰されることに驚いた様子であった。

この授業で、子供たちは、「未成年者喫煙禁止法」の存在とその中身を知った。

未成年者の喫煙は、本人だけの問題にとどまらない。両親、販売者まで、迷惑をかけてしまうことになる。法律の存在と中身を知ったからこそ、子供たちの考えが自分の家族や販売店の人にまで広がっていったのである。

法は、人々の幸せのために存在する。学級で言えば、きまりは、みんなが安心して生活できるために存在するのである。

法の存在とその内容を、教師がきちんと教える。そこから、法が存在する意義を、子供たちが考える。

教師が教えるべきことは何か。

子供に考えさせるべきことは何か。

教師が〈教える〉のが悪いのではない。

教えるべきことと、考えさせるべきこととを明確に区別しておくべきなのである。

――子供が知らないことを教えるのは教師の役目――

子供たちは、〝これから〟を生きていく。
人間っていいな、
生きていくって素晴らしいな、
そんなふうに子供たちが感じることができる道徳授業を
つくり出していきたい。

5 自分の感性を信じる

困った場面を設定して、「どうしよう」「どうしたらいいのだろう」と悩ませるのが道徳授業ではない。

つまらぬ悩みなどないほうがいい。

つまらぬことでくよくよ悩まないような生き方を教えたほうがいい。

「振り返り」などさせずに、前を向いて歩かせたほうがいい。

迷わず行けよ、行けば分かるさ……、である。

よりよく生きようとするには、そのモデルを知る必要がある。いい生き方にたくさん出会った子供たちは、自分もそんな生き方をしてみたいという憧れの気持ちを持つ。すなわち、生き方のイメージトレーニングを道徳授業で行っているのである。

漫画『課長　島耕作』③に、電車の中での一場面が描かれている。

満員電車に、おばあさんが乗っている。立っている

『課長　島耕作』③　弘兼憲史・著（モーニングKC・講談社）

のがつらそうである。島は、席を譲ってくれるように男の人に声をかける。当然、譲ってくれると思いきや、男の人は席を譲ることを拒否する。「自分は、仕事で昨夜二時間しか寝ていない。席を取るために始発のホームで二十分も立って並んだ。だから自分には座る権利がある」というわけである。島は、「権利とかそういう問題ではない。あなたの気持ちの問題だ」と主張し、二人は電車内で口論になってしまう。

ここで、子供たちに問う。

「あなたは、島さんと男の人で、どちらの考えに賛成ですか」

討論するのは、両者の言い分・問題点を明確にしていくためである。どちらの考えが正しいのか判決を下すためではない。

討論の後、ある実話を紹介した。概ね、次のような内容である（新聞投書をもとに授業者が作成）。

通勤ラッシュの電車内で、私の隣に八十歳ぐらいのおばあさんが吊り革にぶらさがるようにして立っていた。私は、目の前に座って書類に目を通していた男性に、勇気を出して「彼女に席を譲ってください」と声をかけた。男性は「気がつかなくてすまない」と言って、すぐに席を譲ってくれた。

ところが、この男性がある駅で下車しようとドアのところまで歩いていく姿を見たとき、彼の足が不自由だったことに気づいた。申し訳なくなり声をかけたら、彼は「私こそ早く気づけばよかったのに」と笑顔で下車していった。

この話を終えたとき、子供たちの間から、

「カッコいい……」

とつぶやく声が聞こえた。この男性の言動を「カッコいい」と感じた子は、きっと、「自分もあんな行動ができるような人になりたい」という思いを抱いたはずである。

どんな生き方を子供たちに伝えていくのか。

誰の生き様を子供たちに資料として提示するのか。

それは、授業者自身が決める（開発する）しかない。

自分が感動したことしか、子供たちには伝えられない。ならば、「自分が感動したことは、意地でも子供たちにも感動させてやる！」という意気込みを持って授業づくりを行いたい。

私は、自分が出会った素敵な人たちの素敵な生き方を子供たちに伝えてきた。可能な場合は、学校に招いて子供たちと直接関わる場をつくってきた。

授業は（特に道徳授業は）、たくさんの方々から支えられて成り立っている。

道徳授業づくりであれ、学級づくりであれ、結局は、自分の感性を信じるしかない。

自分は、自分にしかなれないのだから……。

―素敵な生き方ができる人になってほしい―

第2章 授業の骨格をつくる

道徳授業の中から
ベスト1を選べと言われたら、
私は迷わず
盲導犬サーブの授業を選ぶ。

6

伝えるだけでいい授業がある

教師がわざわざ自分で教材をつくって道徳の授業を行うのは、子供たちに〈伝えたい何か〉があるからである。

だから、まずは、その〈伝えたい何か〉を、率直に伝えればいいのである。

導入は、どうするか？

中心発問は、どうするか？

自己を見つめさせる場面は必要なのか。

終末でどんな説話をしたらいいだろうか。

そんなことは、ラーメン店で醤油ラーメンにするか味噌ラーメンにするか悩むようなものである。根幹にあるのは、その〈伝えたい何か〉をしっかり子供たちに伝えることなのである。

私の道徳教材づくりは、盲導犬サーブから始まった。サーブは、目が不自由な主人を交通事故から守るために車に飛びかかり、自らの前足を失った盲導犬である。一九九〇年頃、ＡＣ（公共広告機構）

の広告で、私は初めてサーブに出会った。三本足で立つサーブの写真には、

「サーブは、もっと歩きたかった」

という言葉が添えられている。もともとは、交通安全を願う広告であった。

サーブと出会ったとき、私は、子供たちに〈伝えたい何か〉を強烈に感じたのである。

サーブの生き様を伝える――。それが、この授業の骨格となる。

伝えるための手段として、私は、絵本を使って紙芝居を作成した。使用したのは、『えらいぞサーブ!』である。この絵本は、一時、廃刊になっていたが、二〇〇〇年四月に改訂版が発刊されている（改訂版のほうが確かに色刷りも鮮やかなのだが、私にとっては最初の版への思い入れが強い）。

最初の版の絵本『えらいぞサーブ!』は、

「……きみのどうぞうをたてようというはなしもすすんでいる……」

という言葉で締めくくられている。

今、サーブは天国へ昇り、この世にはいない。ならば、せめて銅像に会ってみたい。そう、私は思った。

夏休み。毎年群馬で開催されている研究会（道徳教育フォーラム）が終わった後、私は名古屋まで足を延ばし、サーブの銅像に会いに行った。サーブは、三本の足でしっかりと立っていた。銅像には、当時の中曽根首相からのメッセージが記されていた。

『えらいぞサーブ!』
手島悠介・文、
清水勝・絵
（講談社）

『えらいぞサーブ!』
（改訂版）
手島悠介・文、
徳田秀雄・絵
（講談社）

自作の紙芝居の読み聞かせで、子供たちにサーブの生き様を伝えよう。読み聞かせの後、サーブの銅像の写真を提示する。そして、授業の最後に、子供たちにこの写真をプレゼントしよう。子供たちは、この写真を見るたびにサーブのことを思い出してくれるだろう。

私は、そんな思いでサーブの銅像の前でシャッターを押した。

これで、サーブの紙芝居と写真がそろった。

授業当日、私は、さらに資料をいくつか準備した。ホームセンターで購入した「ペットお断り」のステッカーと、学区内のコンビニからもらった「盲導犬同伴可」のステッカー、そして、山形県庁の福祉課からもらった盲導犬のポスターである。

今でこそ、福祉への関心が高まり、盲導犬への理解も広まっている。だが、ほんの十年前は、盲導犬の「も」の字も知らない子がほとんどであった。そのため、紙芝居へと続くステップとして、盲導犬に対する正しい知識を教える必要があったのである。

授業の翌日、サーブへの手紙を書いてきた子がたくさんいた。

サーブの真実の愛と勇気は、しっかりと子供の心に届いていた。

盲導犬サーブの授業――。

私が新しい学級を受け持つと、何年生であっても四月に必ず実施している思い入れのある授業である。

―伝えたいという思いがさらなる教材開発へとかりたてる―

そう考えた理由を問うと、
子供たちは自分の経験を語りだす。
資料と自分の経験が結びつき、
〈他人事〉ではなく〈自分事〉として
資料と向き合えるようになる。

7 論じ合う授業に適した資料

十五年ほど前、ある雑誌に「おもちゃの病院」の写真が載っていた。「おもちゃの病院」の先生が、子供のおもちゃを修理している。そのわきで、子供たちが心配そうにのぞきこんでいる。

先生は、子供たちに物を大切にする心を伝えたくて、「おもちゃの病院」を無償で行っている。子供たちも、自分のおもちゃを治してほしくて、ここにやって来る。

いい話ではないか。だが、同時に、私は思った。

(この子たちは、おもちゃを大切に扱っていたのかな?)

つまり、次の「矛盾」である。

「おもちゃの病院」に、おもちゃを持って来る子がいる。その子が「おもちゃの病院」にやって来たのはなぜか。もとを正せば、その子がおもちゃを壊したからではないのか。おもちゃを大切にしている子は、元来、ここには来ないはずである。自分で壊しておきながら「おもちゃがかわいそう」と言ってここに治しにやって来ることは、「矛盾」しているのではないか。

私は、この「矛盾」に着目した授業を構想した。対象は、一年生である。

「おもちゃの病院」の写真を提示して、次の発問をした。

「『おもちゃの病院』に壊れたおもちゃを持って来る子は、おもちゃを大切にしている子でしょうか。それとも、あまり大切にしていない子でしょうか」

大半の子は、

「大切にしている子だ」

と答えた。大切にしているからこそ、壊れたおもちゃを「病院」に持って来たのだという理由である。

一方、少数ではあるが、

「あまり大切にしていない子かもしれない」

という考えを持つ子がいる。理由を聞いてみると、

「大切にしていたら、壊れないいんじゃないの？」

という声が返ってきた。


ここから、〈大切にしている派〉と〈大切にしていない派〉に分かれて、話し合いが始まる。

「大切にしていても、壊れてしまうことがある」

「いや、大切にしていると、幼稚園のときに買ってもらったおもちゃだって、まだ使える」


自分がおもちゃで遊んだときの経験を想起しながら、考えているのである。

この「矛盾」。実は、表面的な「矛盾」である。どちらの言い分にも一理ある。「矛盾」と、

かぎ括弧をつけて表記しているのはそのためである。双方の考えを出し合った後、私は、「おもちゃを壊してしまったんだから、もしかしたらあまり大事にしていなかったのかもしれないね。でも、こうして『病院』におもちゃを持って来たのだから、今は、おもちゃのことをとっても大事にしているんだろうね」と、話した。

子供たちは、この話し合いによって、壊れたおもちゃを「病院」に持って来るまでの過程を考えている。そして、自分のおもちゃを、一つの命があるかのような存在として再認識したのである。

資料中に何らかの「矛盾」が見える場合、それは、論じ合う授業に適した資料である。「矛盾」をつく発問をすることで、子供たちの思考が活性化される。

しかしながら、論じ合うこと自体が道徳授業の目的なのではない。論じ合うことによって、子供たちが何を学ぶかが大切なのである。

現在、「おもちゃの病院」は日本中にたくさんある（「おもちゃの病院」をキーワードに検索すると、膨大な数のホームページが表示される）。

個人、ボランティアサークル、地方自治体……、主宰はさまざまである。だが、子供たちに物を大切にする心を伝えたいという思いは同じである。

―一つの発問で「矛盾」が見えてくる―

子供たちが望んでいるのは、
安心して生活ができる
居心地のいい場所である。
それは、
自分の発言を受け入れてもらえる場所である。

8 子供の発言が子供の心をつなぐ

教師が、発問をする。複数の子が挙手をする。教師が一人の子を指す。

その子が答える。

「○×△です」

一斉に他の子が答える。

「同じで〜す」

子供の意見は、ここで途絶える。

教師が、発問をする。複数の子が挙手をする。教師が一人の子を指す。

その子が答える。

「○×△です」

ここまでは、先ほどの例と同じである。違うのはここからの展開である。

「ぼくも、A君と同じで○×△です」

「私も、A君とB君と同じで○×△です」

「私も、A君とB君とCさんと同じで○×△です」

「ぼくも、みんなと同じで○×△です」

同じ発問をして、同じことを答えている。しかし、この場合、複数の子が答えている。後に続いて発表した子は、「ぼくも、私も」「～と同じで」「みんなと同じで」という答え方をしている。

ほんのわずかな違いである。

しかし、ここを逃さず誉めるのである。

「ぼくも」の「も」という言い方や、数名続いたらそれをまとめて「みんなと同じで」という言い方。それらをほめることで、子供たちは、自分の考えがすでに発表された考えと同じ、または似通っていても、はっきりと発表するようになる。

また、自分の名前を呼ばれたA君、B君、Cさんは、うれしい。自分の発表を友達が聞いてくれた証拠なのである。そこに、子供同士のつながりが生まれる。

もちろん、

「ぼくも、A君と同じで……」

という言葉が築くことができるのは、ほんのわずかなゆるやかな子供同士のつながりにすぎない。

しかし、年間千時間の授業の中で、毎回そうしたつながりをつくったとする。すると、ほんのわずかなつながりが、太くて強力なつながりになっていく。

授業で子供同士の関わりをつくるとは、例えば、こういうことである。

学級づくりのためのイベントを企画するのも、確かに楽しい。

しかし、一番大切なのは、授業での素朴な学習活動における子供同士の意見のつなぎなのである。

ここで、道徳授業の出番である。

「道徳」には、教科書がない。

算数や国語のように、必ずこれを教えなければならないという内容もない。

だからこそ、子供たちがいろいろな意見を出し合って話し合いができる。

自分が思ったこと・考えたことを「正答・誤答」など気にせずに発表することができる時間が、「道徳」である。

「道徳」での子供の発言には、子供自身の経験が表れる。

自分の発言を受け入れてもらうことは、自分自身のこれまでの生き方を受け入れてもらうことである。

意見のつなぎが、子供同士の心をつないでいく。

意見交流によって生まれた子供同士の関わりが、やがて学級全体へと広がっていく。

その意味において、授業づくりは学級づくりに直結しているのである。


―道徳授業づくりは学級づくりそのものである―

美しい行為と
そうでない行為。
両者を見せられれば
私たちは、
美しい行為に憧れの気持ちを抱く。
誰にでも
良心があるからである。

9 対比で授業の骨格をつくる

対比とは、二つのものを並べて、その違いを比べることである。そうすることで、その二つの違いが明確になる。

道徳授業でいえば、二つの資料を並べて、その違いを比べることである。そうすることで、価値（ある望ましさ）の違いが明確に見えるようになる。

『とっておきの道徳授業』の中に、スポーツ新聞の一面を飾った授業記録がある。「ペンは剣よりも強し」である。（スポーツ報知、二〇〇一年十二月十五日）※

プロ野球では、ときおりデッドボールを巡って、乱闘になるときがある。その様子を伝える新聞記事を用意しておく。

新聞の写真を提示する前に、次のように問う。

「もし、あなたが一年生から『野球って何？』と聞かれたら、どんなふうに教えますか」

この発問で、子供たちから、ボール、バット、グローブなどの野球用具に関する発言を引き出す。

その後で、

※『とっておきの道徳授業』佐藤幸司・編著（日本標準）一五五ページ参照。

「ところが、ボールもバットもグローブも使わないで野球をしていた選手がいたのです」

と言って、乱闘シーンの写真を提示する。

※授業では、その年の四月に起こった乱闘の写真を使用した。使用の際には、乱闘に加わった選手の心情にも気づかせ、その後の活躍にもふれるなどの配慮が必要である。その選手だけが「悪者」にならないように気をつけたい。

この選手は、度重なるデッドボールに怒り、投手になぐりかかり、退場処分となった。

この行為をどう思うか、子供たちに考えさせた。子供たちからは、

「選手の行為は、正しくはない。でも、気持ちはわかる」

「やってはいけないことなんだけど、がまんできなくてついやってしまったのだろう」

という発表があった。


ここで、清原選手（当時、巨人）の写真を提示した。二〇〇一年三月三十一日の試合で、前の打者の松井選手に危険な球が投げられたことに怒り、次の打席でホームランを打って叫んでいる写真である。


二人のプロ野球選手の例を比べてみる（対比させてみる）。

どちらの行為がプロとしてカッコいいか。プロならば、怒りはバットで返す。

清原選手のホームランから、プロとしての美意識を感じることができるのである（なお、

これは、地元で人気のある球団の選手を取り上げるのがいいだろう）。

授業の後半は、野球の話題に一区切りをつけ、古代バビロニア王国のハンムラビ王のイラストを提示する。

子供たちは、ハンムラビ王の名前は知らなくても、この言葉は知っている。

「目には目を　歯には歯を」

世界最古の法典『ハンムラビ法典』の中の言葉である。今から約三千五百年前の世の中を治めるためには、こういう荒っぽい法が必要だったのであろう。しかし、あくまでそれは、昔の話である。法治国家・日本では、通用しない。

次に、イギリスの政治家リットンのイラストを提示する。リットンは、

「ペンは剣よりも強し」

という言葉を残している。この言葉には、何があっても文章で意見を言い合い、武力で戦うことなく平和な社会が続くようにしたい、というリットンの願いが込められている。

デッドボールに対して、暴力で返した選手と、ホームランで返した選手。

争いに対して武力で解決しようとする危険な社会と、文書で解決しようとする平和な社会。

私たちは、どちらを望むのか。暴力によって解決するのではなく、良心に従って毅然とした態度で相手に正対していくのが、本当の勇気なのである。

―対比で子供たちを善に導く―

言った人も
言われた人も
うれしくなる不思議な言葉。
「ありがとう」

10 類比で授業の骨格をつくる

二つのものを並べてその違いを比べるのが対比なら、その類似点を比べるのが類比である。道徳授業でいえば、二つの資料を並べて、二つに共通する価値（ある望ましさ）を見い出すことである。

分かりやすいのは、違う分野で活躍している二人の人物の類比である。

例えば、アメリカメジャーリーグのイチロー選手と元横綱の貴乃花関。

二人とも、小学校の卒業文集に、

「将来の夢は、プロ野球選手になることです」

「将来の夢は、相撲の横綱になることです」

と書いている。

二人の生き方を比べてみると、夢を実現するためには、子供の頃から将来の目標を持ち、それに向かって努力することが大切だ……というメッセージを受けとめることができる。

このような授業もできる。だが、各分野で成功を収めた著名人のエピソードは、迫力はあるが、自分にとって遠い存在に感じられてしまいがちである。

そこで、自分自身を含めた類比を考えてみる。

二年生の子供たちに、

「正義とは何か?」

をテーマに話し合わせた授業※である。

子供たちからは、まず、「正義とは、優しいことである」という意見が出された。

それに対して、「優しいだけでは、だめなのではないか」という反論が出された。

話し合いの結果、

「正義とは、優しくて困っている人を助けてくれること」

というふうにまとめられた。これが、学級で決めた〈正義の定義〉である。

ここで、「正義の味方・アンパンマン」の作者であるやなせたかしさんの言葉を紹介した。

やなせさんは、

「ひもじさを救うのが正義」

と言っている。

なぜ、やなせさんは、このように言っているのだろうか。

やなせさんの少年時代には、戦争があった。終戦を迎え、それまでの「国のために戦う」という「正義」が、まるっきり覆ってしまった。戦争で変わるような「正義」は、本当の正義ではない。今、目の前にお腹をすかしている人がいたら、一切れのパンを与えてやれるこ

※『とっておきの道徳授業Ⅵ』佐藤幸司・編著（日本標準）九ページ参照。

と、すなわち、ひもじさを救うことが正義なのだ。やなせさんは、そう考えた。そこから誕生したのが、「正義の味方・アンパンマン」なのである。

自分たちが考えた正義と、やなせさんが言っている正義とを比べてみる。子供たちは、ひもじい思いなどしたことはない。物や食べ物があふれ、生活環境が大きく違っている。

しかし、よく考えてみると、自分たちが考えた正義とやなせさんが言っている正義には、共通点がありそうだ。

人に優しいこと、困っている人を助けてあげること……。

行為自体は異なっているが、根底にある思いは同じはずである。

子供たちに次のように聞いた。

「みなさんが考えた正義でも、やなせさんが言っている正義でも、必ず相手から返ってくる同じ言葉があります。平仮名五文字です。何という言葉でしょう」

「あ・り・が・と・う」である。五名の子を指名して、一文字ずつ黒板に書かせた。

正義とは、「ありがとう」と言われる行いである。小さなことでもいい。「ありがとう」が学級にたくさん増えれば、学級のみんなが幸せになれる。それが、学校中に広がれば、学校のみんなが幸せになれる。そして、「ありがとう」が、日本中、世界中に広がったら、世の中から戦争がなくなり、世界中の人々が幸せになれるのである。

―「ありがとう」を世界中に広げたい―

自分が子供の頃
大好きだった絵本を、
子供たちにも
読み聞かせてあげたい。

11 ダンボに学ぶ〈偶然をチャンスに変える生き方〉

私は、小さい頃、ディズニーの『ダンボ』が大好きだった。

別に、ダンボのぬいぐるみやキャラクターグッズを集めていた……、などという趣味を持った少年だったわけではない。

母が読み聞かせをしてくれた絵本『ダンボ』が大好きだったのである。

特に、

「お母さんのジャンボは、ダンボのことを『ダンボ、ダンボ』と言って育てました」

という箇所がお気に入りだったらしい。

学生の頃、ダンボの英語本を読んだことがある。ストーリーが分かっているので、知らない英単語が出てきても、何となく内容を理解することができた。

教師になって、あらためて『ダンボ』を読み返してみた。

今度は、ダンボの生き方が気に入った。

ダンボは、人並み（象並み？）はずれた大きな耳を持って生まれた。それが原因で、仲間のゾウからいじめられた。けれども、友達のねずみ（ティモシー）のアドバイスもあり、自分の大きな耳を使って空を飛べるようになった。

サーカスの大スター・ダンボの誕生である。

ダンボは、自分のコンプレックスを逆に自分の個性に変えて、大スターになった。

偶然をチャンスに変える生き方である。

映画『バック・トゥ・ザ・フューチャー』の主演で知られる俳優マイケル・J・フォックスは、最初、小柄で童顔な自分にコンプレックスを抱いていたという。だが、マイケルが十六歳のときに、あるテレビショーの十二歳の子役に選ばれた。それをきっかけに、彼は、映画スターへの道を歩みだす。

前項で述べた類比を、ダンボとマイケルの間にも見ることができる。

絵本『ダンボ』を使った道徳授業は、入学したばかりの一年生にお薦めの授業である。

まだ、ひらがなの読み方も書き方も確かではない時期である。

絵本の読み聞かせを取り入れた「道徳」は、そんな時期の子供たちをしっかりと集中させてくれる。

読み聞かせを終えたあと、子供たちに、こう聞いてみた。

「もし、あなたが、ダンボみたいな大きな耳で生まれたとしたら、どう思いますか」

子供たちからは、

「嫌だと思うよ」

「悲しくなっちゃう」

という意見が、まず出された。けれども、少数ではあったが、

「気にしない」

「それで空を飛べるからうれしい」

という意見も出された。

「優しい友達がたくさんいたよ」

「ダンボのお母さんが、とっても優しかったよ」

という感想を述べる子もいた。

その年の二学期。クリスマスの「お楽しみ会」を兼ねて、『ダンボ』のビデオ上映会を行った。上映会というと聞こえはいいが、要するに教室でビデオを見たのである。

お母さんのジャンボは、いじめられているダンボを助けるために大暴れをして、おりに入れられてしまった。

その夜、ダンボは、こっそりお母さんに会いに行った。

お母さんの長い鼻にくるまって、ダンボは何ともうれしそうである。

その場面を、涙を浮かべて見ている男の子がいた。

その子の涙の意味が、何だかとってもよく分かる気がした。

―ダンボはジャンボが大好き、ジャンボもダンボが大好き―

一つの「型」に縛られていては、
新しいものは生まれない。
「資料＋発問のパック」は、
資料に発問を付け加えるという
明快な手法によって、
道徳授業づくりに変革をもたらした。

12 資料＋発問のパック

「基本型」と呼ばれる道徳授業の手法がある。

導入では、資料の「内容項目」に関することを話題に出し、「価値への方向付け」を行う。

展開前段では、副読本資料を用いて登場人物の気持ちを問う。「このとき、（人物）は、どう思ったでしょうか」という類いの発問である。

展開後段では、資料から一旦離れて、自分の経験を振り返らせる。「自己を見つめる」場面である。「みなさんも同じような経験はありませんか」という類いの問いかけがなされる。

終末は、教師の説話である。教師が、「内容項目」に直結するような話をする。

一つの手法として「基本型」に学ぶのなら意義がある。しかし、道徳授業は必ず「基本型」で行わなければならない、などと言うのであれば、有害である。教育の手法は、多様であるべきである。多様性が認められているからこそ、教師の創意工夫が授業に生きてくる。

「基本型」に代わる道徳授業づくりの手法が、「資料＋発問のパック」である。

これは、文字通り、ある資料に発問を付け加えて、それを丸ごとのパックとして考えるのである。

教師がある資料を見つけたとする。これを使って、道徳授業をやってみたい。でも、どうやって授業で使ったらいいのだろうか。

そんなとき、この資料をどんな発問（指示）といっしょに提示するのかを考えるのである。

この鳥をご存知だろうか。アホウドリである。

アホウドリは、翼を大きく広げてゆっくりと羽ばたかないと、空へ飛び立つことができない。それで、人間は、この鳥を「バカ鳥」と蔑み、羽毛を取るために片っ端から棒で殴り殺してきた。

アホウドリという名には、こんな残酷な歴史があるのである。

この事実を知らせる前に、私は、別の「資料＋発問のパック」を用意した。

資料は、羽毛布団の広告（新聞チラシ）である。広告を提示して、次の発問をした。

「羽毛布団が売られていることをどう思うか」

子供たちからは、次の意見が出された。

「布団は必要なものだし、仕事として売っているのだから当然のことだと思う」

「布団は必要だけれど、殺すのはかわいそう。数が減って絶滅してしまうかもしれない」

大半の子は、「必要・当然のこと」と考えており、羽毛布団の販売に反対する子は少数であった。

次に、アホウドリの名前の由来を知らせた。

一つの種類の生き物が地球上で生き延びるためには、最低でも千羽（匹）必要であると言われている。一九九〇年の調査では、アホウドリは、わずか五百羽ほどの生息しか確認されていない。

ここで、次の発問をした。

「アホウドリが羽毛のために絶滅寸前であることをどう思うか」

羽毛布団の販売は「必要・当然のこと」と考えていた子も、アホウドリの受難の歴史を知り、かなり悩んでいる様子であった。

まず、羽毛製品の広告を提示して、この現状をどう思うかを問う。

次に、アホウドリの写真を提示して受難の歴史を知らせ、この現状をどう思うかを問う。

二つの「資料＋発問のパック」が連続することによって、ここまでの授業が展開される。

なお、この授業は、人間が行ってきたショッキングな事実を子供たちに伝えることが目的ではない。アホウドリの調査・保護を続ける長谷川博先生（東邦大学）たちによって、一九九九年、アホウドリが千羽を超えたことが確認されている。人間の手によって絶滅させられかけたアホウドリが、人間の愛情と努力によって復活したのである。

人間が他の生き物と共生していくための可能性を示した授業※である。

――**アホウドリの復活が夢だった**――

※『**とっておきの道徳授業**』佐藤幸司・編著（日本標準）一三ページ参照。

教師が予期しなかった発言が
子供から出されることがある。
「どうしてそんなふうに思ったの？」
その理由の中に、
授業展開の重要な〝鍵〟が
かくされている場合がある。

13 「自己を見つめる」ということ

「道徳」は、自己を見つめ、道徳的価値を内面的に自覚させる時間だ。

こんなふうに言われることがある（聞こえはいいが、具体性に欠け、よく分からない言葉である）。

道徳授業は、教室という限られた空間の中で、資料という間接的な媒体を使って行われる。したがって、そこには、おのずとある限界が存在する。それは、直接体験が困難であるという限界である。直接体験ができないから、資料を使って間接体験をさせる。

そこで、間接体験の質が問題となる。

「資料が言いたいことは分かった。でも、資料は資料である。自分の生き方とは別である」となってしまっては、道徳の学習にはならない。

そうならないために、自己を見つめて、道徳的価値をしっかりと内面に自覚させなければならない……という主張のようである。

そのため、「基本型」で行われる道徳授業の「展開後段」では、決まって、

「みなさんも、同じような経験はありませんか」

という、自己を振り返り、自己を見つめさせる発問がなされてきた。だが、この発問をした瞬間から、授業が急に失速していったという事態を多くの教師が経験している。

特にこの傾向は、フィクション資料を使った授業で顕著に現れる。

せっかくフィクションの世界に浸って勉強していたのに、急に現実の世界に戻されて、自己を見つめさせられるのである。素直な子供ほど、このギャップに耐えられない。

大切なのは、いかに資料と自分の経験を結びつけるか、である。

自分の経験を語らせるのは大事である。ただし、その方法が、

「みなさんも同じ経験はありませんか」

と、子供の経験を直接問うことだけではないのである。

では、どうするか。

「なぜ？　どうして？」を繰り返し問うのである。

例えば、「残したい言葉」※という授業がある。

敬老の日にちなんで、ある会社がお年寄りにアンケートを実施した。

「孫の代まで残したい言葉は何ですか」

という質問である。

アンケート結果を知らせる前に、子供たちにその言葉を予想させてみた。

子供たちの予想は、次のようになった（授業は、六年生二十五名に実施）。

※『とっておきの道徳授業Ⅳ』佐藤幸司・編著（日本標準）九九ページ参照。

一位　「ありがとう」……二十人
二位　「おはようございます」……三人
三位　「ごめんなさい」……一人
三位　「たくさん食べろ」……一人

学級の予想で第三位（一人）の「たくさん食べろ」とは、ユニークな言葉である。

「どうしてそう思ったの？」

と、理由を聞いてみた。

するとその子は、自分のおじいちゃん、おばあちゃんから、いつもそう言われているのだという。おじいちゃん・おばあちゃんが子供の頃は、戦争があって食べたくてもお腹いっぱい食べられなかった。何をするにも、健康が一番だ。だから、「たくさん食べろ」というわけである。

さて、実際のアンケート結果は、第一位が「いただきます」であった。子供たちの予想の中で、一番内容的に近いのが「たくさん食べろ」だったのである。

子供の発言には、何らかの理由がある。その理由は、子供自身の生活体験に基づいている。だから、「なぜ？　どうして？」を繰り返し問うことで、子供は自然な思考の流れで自分の経験を振り返り、自分自身を見つめていくことができるのである。

—そう考えた理由に子供の経験が表れる—

授業の骨格は発問と指示である。
この考えは、間違いではない。
だが、
意見のつなぎを意識していくと、
全く別の授業スタイルが見えてくる。

14 発問がいらなくなる授業

すごいポスターに出会った。総合格闘技プライドのポスターである（二〇〇五年十月二十三日、さいたまスーパーアリーナ大会、主催・ＤＳＥ社）。

赤ちゃんがおじいちゃん（おばあちゃん）の指をつかんでいる。

写真に書かれた「STARTING OVER」という言葉。

あまりの迫力に、私は、ポスターの前でしばらくの間、立ちすくんでしまった。

このポスターが伝えるものは、何なのか。新しい命の始まり、命の継承、赤ちゃんに託す願い……。とても、一つの言葉で表すことなどできない。

いったい、子供たちは、このポスターを目の前にしたとき、何を思うのだろうか。このポスターといっしょに、どんな発問をすべきなのだろうか。

いくら考えても分からない。

私は、この資料を使った授業の指導過程を考えるのをやめた。

指導過程を考えるのではなく、授業のシミュレーションを行って、授業に臨むことにしたのである（一年生の二学期に実施）。

指導過程の中には、たいてい、課題の提示や、中心となる発問がある。

だが、授業のシミュレーションでは、事前に課題や発問が用意されることはない。

子供の発言を予想する。そして、それらをどうつなぎ合わせて授業を展開するのかを頭の中であれこれ思い浮かべていくのである。

つまり、発問と指示を骨格とした授業ではなく、子供の意見のつなぎで創り上げる授業なのである。子供たちからは、まず、

「赤ちゃんがおじいちゃんの手を握っている」

という意見が出された。それに対して、

「おじいちゃんではなく、おばあちゃんの手だと思う」

という子がいた。

おじいちゃんだと考えた子は、指の節に注目していた。ごつごつして、力強い感じがおじいちゃんのようだというわけである。おばあちゃんだと考えた子は、手のひらに注目していた。優しくて、柔らかいおばあちゃんの手のようだという理由からだった。ここでも、子供たちは、自分のおじいちゃん、おばあちゃんの手を思い浮かべながら、自分の経験を根拠に意見を出していた。

「手を握って、何かパワーを送っているみたいだ」

と言う子がいた。

おじいちゃん（おばあちゃん）は、赤ちゃんに、「これから、元気でいい子に育っていくんだよ」というパワーを送っている。赤ちゃんは、おじいちゃん（おばあちゃん）に、「いつまでも長生きしてね」というパワーを送っている。

書かれている英語に注目した子もいた。何と書いてあるのだろうか。

STARTは、はじまりである。OVERは、終わりである。

子供たちに、こう尋ねた。

「このポスターの中では、何が始まって、何が終わろうとしているのでしょうか」

子供たちは、ちょっと悲しい顔になった。おじいちゃん（おばあちゃん）の命が終わってしまうのかな、と思ったからである。

しかし、違うのである。視点を変えてみる。

命は、どちらが先なのか。

命のはじまりは、おじいちゃん（おばあちゃん）、つまりご先祖様である。

気の遠くなるような長い年月を経て、数え切れないほどのご先祖様の命を受け継いで、今の自分がある。そして、その命は、これからもずっと受け継がれていくのである。

子供の意見をつなぎ合わせながら話し合いを続けていき、〝命の継承〟にたどり着いた授業である。

―指導過程ではなく　授業のシミュレーションを―

言葉にできない思いがある。
だから、
その思いを
短い言葉にしてみる。

15 道徳授業に創作活動を

手紙文化発祥の地・福井県丸岡町（現在の福井県坂井市丸岡町）では、テーマごとに「日本一短い手紙」を募集し、その入選作品を本にまとめている。

その中の作品のいくつかを授業でとりあげ、書き手の思いをみんなで考える。最後に、自分も同じテーマで作品を書く。つまり、作品（手紙）を書くという創作活動を道徳の時間に取り入れるのである。

授業※では、まず、徳川家康の写真（肖像画）を提示する。家康の写真であることを確認したら、家康の家臣である本多作左衛門重次について説明する。重次は、陣中から妻に、

「一筆啓上　火の用心　お仙泣かすな　馬肥やせ」

という手紙を送っている。この手紙にちなんで、丸岡町は手紙文化・発祥の地とされているのである。

子供たちに、お仙とは誰のことだと思うか、聞いてみるとおもしろい。ほとんどの子が、「お姫様」と答える。だが、「若殿様」が正解である。お仙とは仙千代のことで、後の越前丸岡城主本多成重である。

※『とっておきの道徳授業』佐藤幸司・編著（日本標準）九ページ参照。

次に、本の中から、子供たちに伝えたい手紙をいくつか紹介する。（十五編前後）紹介を終えたら、一番心に残った手紙を選ばせ、それに決めた理由を発表させる。その後、手紙を書く創作活動へと移る。『日本一短い「家族」への手紙』を使った授業を祖父母参観日に実施した。

この授業で、子供たちは、次のような作品をつくった。

・おじいちゃん、早く退院してよ。みんな待っているよ。
・おじいちゃん、おばあちゃん、卒業証書は見てください。
・おばあちゃん、おじいちゃんのぶんまで、長生きしてね。

当日、参観にいらしていた方には、子供たちが直接手紙を手渡した。離れて暮らしているおじいちゃん、おばあちゃんには、後で郵送することにした。参観日に孫からの手紙を受け取って、おじいちゃん、おばあちゃんは、たいへん感激した様子であった。

命をテーマにした本もある。『日本一短い手紙「いのち」』※である。同じ展開の仕方で、子供たちに〝日本一短い手紙「いのち」〟を書かせた。

子供たちは、次のような作品をつくった。

・命があるから、話したり、楽しんだりできるんだよね。
・「生まれてこなきゃよかった」そんな命なんてどこにもない。

『日本一短い「家族」への手紙――一筆啓上』
福井県丸岡町
（角川書店）

『日本一短い手紙「いのち」』
福井県丸岡町
（角川書店）

※**『とっておきの道徳授業Ⅳ』**
佐藤幸司・編著
（日本標準）
一三七ページ参照。

・お母さん、わたしを産んでくれてありがとう。大切にするね。
・おはよう、こんにちは……。どれも命を感じられる言葉。

道徳の時間に行う創作活動は、作品の完成そのものが目的なのではない。作品づくりを通して、何を学ばせるかが大切なのである。この創作活動には、次の制約がある。

① 手紙という誰かに何かを伝える書式であること。
② 短い文（一行～二行程度）で表すこと。

子供にとって、「自由に書きなさい」と言われるのが、実は一番不自由なのである。いくつかの制約があったほうが、漠然としたイメージをその制約によって絞り込んでいくことができる。ネットで検索するときに、キーワードが複数あったほうが情報を絞り込みやすいのと同じ理屈である。

手紙を書く過程において、子供たちは、自分の家族・自分の命について思いを巡らせていた。何かを書くという活動は、自分の思いを頭の中で具体化し、それを文字に表していく作業である。これまでの経験を想起し、それらを一つ一つの言葉に置き換えていく。

手紙を書く創作活動によって、自分の経験と資料（『日本一短い手紙』）とが、密接に結びついてくる。

―短い言葉にたくさんの思いが込められている―

第3章 とっておきのネタ（資料）を集める

世の中、
美談だけで済まされるはずがない。
だけど、
ニュースの五十パーセント以上が
美談で占められる世の中にすることは、
可能なんじゃないかなと思う。

16 美談を複数集める

新聞やテレビから流れてくるニュースは、心を痛める悲しい出来事が多い。頻繁に悲しい出来事を聞かされると、心を痛めるという感覚さえ麻痺してしまう。一人の人間の命が奪われた事件があっても、「またか……」と聞き流してしまうようになってしまったら、その感覚の方が恐ろしい。

だから、美談が必要なのである。美談とは、文字通り「美しい話」である。それなのに、なぜか〈美談〉という言葉は、一種の皮肉を込めて使われることが多い。

「でも、それって、結局、美談でしょう」

というふうに。

ある研究会で私が「盲導犬サーブ」の授業実践発表を行ったときのことである。

一人の先生が私のところにやって来て、こんなふうに言われた。

「盲導犬サーブの話は、美談ですよね。でも、私、子供たちには美談が必要だと思うんです」

初対面の方だったのだが、その場でしばしの「美談談義」となった。世の中に美談があるから、人間らしく生きていける。美談のない殺伐とした世の中に、希望を見出すことはできない。そこで、子供たちに美談を伝える授業である。

　同じ場面、または、同じテーマの美談を複数集める。そして、それらの美談を子供たちに伝える。伝えた後、「一番心に残った話はどれか」を問い、どんなところに共感したのかを発表させる。

　例えば、※電車での出来事を資料にした授業。この授業は、次の三つの美談を資料としている。

　まず、教師の体験談である。

「先生がこの前、仕事で東京に行ったときの話です」

と、子供たちに語りかける。


　　電車の中は、けっこう混雑していた。私は、大きなバッグをなるべくじゃまにならないように足元において立っていた。すると、ちょうど前の若い男性が、自分のバッグを席においたまま立ち上がって、ドアの方へ歩いていった。


　ここまで話したところで、子供たちに、問いかけた。

「この人は、どうして自分のバッグを置いたままドアの方へ歩いていったのでしょう」

　子供たちからは、「自分の席を取られるのが嫌だから、そのまま置いていった」という考えが出された。男性の行為の理由を想像させた後、続きの話をした。


　　男性は、ドアのところに立っていたおばあちゃんの肩を「すみません」と、軽くトントンとたたいた。そして、自分のバッグが置いてある席を指差して、「どうぞ」

※『とっておきの道徳授業』佐藤幸司・編著（日本標準）九五ページ参照。

と言ったのである。

「いい話だね」

という声が、子供たちの間から聞こえた。

次は、「天声人語」からの美談である。（朝日新聞、二〇〇〇年九月二十四日）

　電車内でお年寄りに席を譲った父に、「お父さんの知ってる人？」と子が聞いた。

父は、「人生の大先輩だよ」と答えた。

お父さんのせりふが何とも洒落ている。

最後に、『喜びのタネまき新聞』（二〇〇〇年三六七号、ダスキン）で見つけた美談である。

　風が強い日、電車の中で新聞紙が風にあおられてあちこちへ飛ばされていた。何人かの人がいらだたしそうに足で新聞紙を踏みつけていた。私は、ちょっとためらったが、その新聞紙を拾って折りたたみ、駅のゴミ箱に捨てた。すると、男の人が、「どうもありがとう」と声をかけて私を追い越して行った。

子供たちは、次のような感想を書いていた。

・親切な人ばかりでした。ぼくも、親切をしてみたいと思いました。

・全部の話が「ありがとう」って、思いました。

美談が、生き方のモデルになっていくのである（二年生に実施）。

——人の世の温かさを見つめる目を育てたい——

最初に目にとまったのは、見出しである。
見出しが目にとまらなければ、
その記事を
詳しく読むことはなかったはずである。
だから、
見出しだけをそのまま子供に提示して、
授業をやってみるのもいい。

17 新聞記事活用法　その一　見出しが資料になる

新聞記事は、現実の出来事を伝える有効なノンフィクション資料になる。

しかし、難点もある。それは、新聞記事が基本的には大人向けの文章で書かれていることである。低学年の子供たちに、新聞記事をそのまま与えるのは、無理である。教師が記事を読み聞かせたとしても、表現そのものが難しく、内容を伝えることができない。

では、新聞記事を使った道徳授業は、小学校高学年以上の年齢制限がついてしまうのだろうか。そんなことはない。新聞記事には、一目でおおよその内容がわかる便利なものがある。見出しである。学習プリントを作成するのなら、見出しの部分だけを貼り付けて印刷する。黒板掲示用の資料を作成するのなら、見出しを拡大コピーしたり、または同じ言葉をマジックで書いたりして準備する。

内容は、教師が記事を読むのではなく、子供向けの平易な表現に改めてから、教師が語り聞かせる。

二〇〇六年八月一日の朝日新聞に、「有料レジ袋」に関する記事が載っている。

見出しは、大・中・小の三つある。

（大・見出し）「有料レジ袋　イオン試行へ」
（中・見出し）「一枚五～十円、近隣店と連携」
（小・見出し）「まず京都、他地域も検討」

見出しの言葉の中にも、難解な漢字や表現が含まれている。だが、説明が困難な抽象的表現は、見出しには使われていない。例えば、「近隣店と連携」という表現であれば、「近くのお店といっしょにやること」と、教えれば大丈夫である。

一つの記事には、普通、二つか三つの見出しがついている。

もし、見出しを一つずつ提示していく展開であれば、「小」の方から順に見せていく。

「まず京都、他地域も検討」

この見出しから、「京都から、いったい何が始まるのだろうか」という問いが生まれる。

ここは、子供たちの自由な発想で語らせる。「他地域も検討」と書かれてあるから、京都限定ではなく、その気になればどの地域でもできる内容であることがわかる。

次は、「中・見出し」である。

「一枚五～十円、近隣店と連携」

「一枚」という数え方、「五～十円」という値段、「店」に関係があること……。

これらのヒントから、レジ袋のことだろうと予想する子が出てくる。

最後に、「大・見出し」を見せて、「正解」を教える。

「有料レジ袋　イオン試行へ」

「レジ袋」と予想した子は、大喜びである。このように、見出しの謎解きをしながら新聞の見出しを小→中→大の順番に提示していく。

ここまでの「謎解き」を行う中で、子供たちは次の三つの情報を得ている。

① レジ袋有料化は、どの地域でも可能であること。
② レジ袋の値段は、一枚五～十円であること。
③ スーパー最大手のイオンがレジ袋の有料化を試行しようとしていること。

すると、子供たちの間に次のような疑問が生まれる。

なぜ、今まで無料だったのに有料にするのか。

有料にすると、どんないいことがあるのか。

逆に、有料にして、困ることはないのか。

これらの問いが、この時間の学習課題となる。子供たちは、自分がイオン（または別のスーパー）に行って買い物をしたときのことを思い出しながら、自分の意見を述べるはずである。自分の家で使っているマイバッグ（買い物袋）のことを話す子もいるだろう。

見出しで、必要最低限の情報を得る。十分な情報量がないからこそ、そこに疑問（問い）が生まれる。その問いが、授業を進める上での骨格となっていくのである。

――もったいないのはお金ではなく環境である――

点在していた資料が、
一本の線で結びつく。
そのとき、
新たな授業が生まれる。

18 新聞記事活用法　その二　いくつかの記事を結びつける

何かに使えそうな新聞記事を見つけたときは、とりあえず切り抜いておく。今すぐ使わなくても、後で使うときがくるかもしれない。切り抜いた記事を紛失しないように、クリアファイルに入れて保管しておく。保管しておいた記事は、単独で使わなくても、別の記事と結びついて道徳の資料になる場合がある。

例えば、人間とカラスとの関係についての記事である。

二〇〇一年五月九日の「天声人語」（朝日新聞）は、人間とカラスが平和的共存をしていた時代について述べている。童謡「夕焼小焼」（中村雨紅・作詞）や「七つの子」（野口雨情・作詞）の歌詞には、可愛らしいカラスが登場していることを指摘している。

また、二〇〇三年六月二十七日の投書欄（朝日新聞）には、中学生男子の「猫やカラスと共に生きたい」という主張が掲載されている。ちょうど、東京都でカラス対策について論じられていた時期であった。この中学生の投書を読んだとき、（どこかにカラスのことを書いた記事があったような気がする……）と思った。

そこで、本棚のクリアファイルを数冊ぱらぱらとめくってみた。そうしているうちに、前述した「天声人語」が見つかった。こうして、二年の月日を経て、二つの記事が出会ったのである。

せっかく出会えた二つの記事である。こんなときは、自然と教材開発の意欲も増してくる。この後、私は、さらに別の資料を付け加えて、「※カラスが嫌われ鳥ナンバー1になってしまったのはなぜか?」を論点とした道徳授業を実施した。

数年のときを超えて結びつく記事がある一方で、同じ日の同じ新聞に掲載された複数の記事が結びつくこともある。二〇〇一年十二月九日。朝日新聞朝刊に掲載された三つの記事が、私の目に留まった。

この日の新聞は、どの社も一面で、おめでたいニュースが掲載されていた。「雅子さま・愛子さま、退院」のニュースである。

新聞をめくると、「平和とは?」という記事が載っていた。世界の三か国で、「あなたにとって平和とは何ですか?」という質問をした。質問をした国は、①戦禍の街・アフガニスタンの首都カブール、②同時多発テロから三か月になるアメリカ・ニューヨーク、③日本（国内各地）である。その結果が、表になって示されている。

投書欄には、北海道の老人ホームで、一人のおばあさんが「女の子でよかった」と言ったという、愛子さま誕生のニュースに関わるエピソードが書かれてあった。

授業では、はじめに、「平和とは?」の記事を使った。

※『とっておきの道徳授業V』
佐藤幸司・編著
（日本標準）
一一三ページ参照。

「世界の三か国で、『（　　　　　　）とは何ですか』と質問をしました。仮にA国、B国、C国としましょう」

と話し、それぞれの国で聞いた答えを提示した。例えば、次の答えである。

A（アフガニスタン）……学校に行けること。夜襲の心配がなく、ぐっすり眠れること。

B（アメリカ）……生きていてよかったという思い出を、何か起きる前につくること。

C（日本）……大きなもめごとがなく、彼といっしょにいられること。

この答えをヒントにして、質問の言葉を考える。（　　　　）に入る言葉として、「平和」「幸せ」の二つが出された。質問は、「平和とは？」であることを確認してから、それぞれどこの国なのかを話し合った。他国との答えを比べてみると、日本がいかに平和であるかを実感できる。

次に、この日の新聞のトップ記事「雅子さま・愛子さま、退院」を、写真を提示しながら話した。

その後、投書「女の子でよかった」を紹介した。おばあさんは、なぜ「女の子でよかった」と言ったのだろうか。それは、「女の子なら、戦争に行かなくてすむから」である。おばあさんの言葉は、私たちに「戦争は決して遠い外国だけの話ではないこと」を教えてくれる。

三つの記事が、〝生命〟をテーマに一本の線としてつながった授業である。

――「授業で使って！」という資料の声が聞こえてくる――

教師になった理由を聞かれると、
私は、
「自分の小学校時代が楽しかったからかな……」
と答える。
過去を振り返るのは嫌いだ。
でも、
思い出をたどるのは
悪くない。

19 広告がおもしろい　その一　思い出がよみがえる

負けて、取られて、途方に暮れて、
勝って、取って帰っては、
母さんに怒鳴られた。

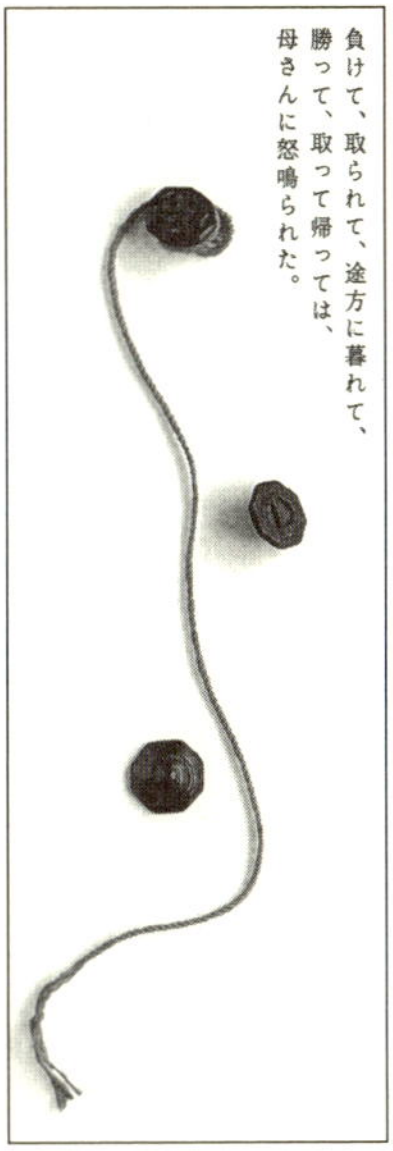

これは、大分焼酎「二階堂」の新聞広告のコピーである。べいごまの写真がいっしょに載っている。

私は、この男の子の様子が目に見えるようであった。私にも似たような思い出があるからだ。

私が子供の頃は、ウルトラマンの写真カードが大人気であった。そのカードを面子《めんこ》のようにして競い合い、勝った方がその写真カードをもらえるルールだった。近所の友達とこの遊びをしてカードを取って帰った私を、母は叱った。

「いくらそういう遊びだからといっても、人のものを取ってはいけない」

というふうに。

自分の思い出と資料が結びついた。これは、おもしろい授業ができそうだ。私は、さっそく、この資料を使って道徳の授業を行った（対象／二年生）。

べいごまとコピー（負けて、取られて、……）の部分を印刷したプリントを子供に配付した。また、黒板掲示用として拡大した資料も準備した。

プリントを配るとすぐに、

「あっ、知っている。べいごまだ」

という声が子供たちから聞こえた。こういう声（つぶやき）から、授業が始まる。

「知っている」と言った子を指名して、べいごまについて説明させた。

べいごまは、少し小さいこまで、硬い鉄のようなものでできている。「けんかごま」をして、勝負を決める……、という発表があった。

子供たちが持っている国語辞典で調べてみた。べいごまは、もともとは、ばいごまと言われ、巻き貝バイの殻の先に蝋(ろう)や鉛を溶かして詰め、重みをつけて作ったこまのことである。また、これをまねて作った鉄や鉛製のこまのこともいう。広告の写真は、後者である。

べいごまのことは、分かった。次は、このコピーである。

「途方に暮れる」の意味を確認してから、子供たちに尋ねた。

「この子は、どうして途方に暮れてしまったのですか」

するど、

「大事なこまを友達に取られてしまったから」

「自分のこまがなくなって、これから何で遊んだらいいか分からなくなってしまった」

という返答があった。次に、

「勝負に勝って、友達のこまを取って帰ることは、悪いことですか」

と子供たちに尋ねた。

半数以上の子が、「悪いことではない」と答えた。

それなら、なぜ母さんは怒鳴ったのだろうか。

母さんは、友達のものを取って来て喜んでいる我が子を怒鳴ったのである。

今、友達は、こまを取られて途方に暮れているはずである。その友達のことを全く考えずに喜んでいる我が子を怒鳴ったのである。

母さんが怒鳴った理由を考えさせた後で、こう尋ねた。

「この人は、今、母さんから怒鳴られたことをどう思っているだろうか」

子供たちからは、

「怒鳴られたときは嫌な気持ちだった。でも、今は『ありがとう』の気持ち。お母さんに、『大事なことを教えてくれて、ありがとう』と言いたくてこの文を書いたのだと思う」

という発表があった。

この子の言葉を聞いて、また私の思い出がよみがえった。

―叱られた思い出が「ありがとう」に変わる―

北海道で見つけて
東京から送ってもらい
山形で授業をした。

20

広告がおもしろい　その二　気になる広告を見かけたら「写メ」

二〇〇六年九月、北海道内で開催された道徳教育研究会に伺う機会があった。

千歳空港からＪＲの駅に向かうエスカレーターの途中、壁に貼られた一枚のポスターが目に留まった。何かを考えているような女の子が写っていて、

「環境問題って　算数の問題より　むずかしいの。」（原文三行）

という言葉が書かれてある。

おもしろそうなポスターだな、と思い、階段を上って引き返し、再びエスカレーターに乗った。ポケットから携帯電話を取り出し、正面まできたら「写メ」をパチリ。

ところが、なにせ動いているエスカレーターの上からなので、なかなかうまく写せない。

もう一度、階段を上って引き返し、再びチャレンジ。

周囲の不審そうな目に耐えながら、何とかポスターの雰囲気が分かる程度に写すことができたのが、この写真であ

写真1

る（写真1）。

ポスターの左下を見てみると、ローマ字で「KURITA」と書いてある。

帰宅後、インターネットで検索してみたところ、㈱栗田工業（本社：東京都西新宿）の広告であることがわかった。栗田工業のホームページからメールで問い合わせたところ、すぐに広報担当の方がお返事をくださった。

この広告は、もともとは一九九一年に『日経ビジネス』誌や「日経新聞」に掲載されたものである。企業間でも、ようやく環境問題に対する意識が高まってきた時期であったという。

子供の写真を使ったこの広告は、当時、シリーズになって新聞に掲載されていた。その中から、三枚の写真を送っていただいた。仮にA・B・Cとする。

それぞれの写真には、せりふがついている。


A……環境問題って　算数の問題より　むずかしいの。（原文三行）

B……大統領になったら　プールの授業を　ふやすんだ。（原文三行）

C……水が　おみやげだって。ヘンなの。（原文三行）

私は、この三枚の写真を資料にして、二年生に授業を行った。

まず、三枚の写真を提示して、写真から想像できることを発表させた。

三枚の写真についている水玉のマーク。このマークから、何か水に関係のあ

A

B

C

る内容だろうと想像できる。Aの子は、難しそうな顔をしている。水のことを勉強しているのだろうか。Bの子は、一人だけニコニコしている。これから楽しい水遊びをするのかもしれない。Cの子は、日本人。この子は、不思議そうな顔をしている。

発表の後、三つのせりふを、順番をばらばらにして提示した。そして、それぞれの言葉はどの子が言ったものなのか考えさせた。

子供たちから真っ先に出されたのは、真ん中のニコニコしている男の子が「プールの授業」のことを言ったのだろうという意見だった。プールが大好きで、楽しみにしているのだろうという理由からである。

話し合いの結果、Aのせりふ（環境問題って……）は、夜、難しい顔をして勉強をしている右側の女の子の言葉だろう、ということになった。Cのせりふ（水が　おみやげだって。……）は、水がおみやげとして売られていることを不思議に思っている左側の男の子の言葉である。日本では、水道の蛇口をひねれば飲料水が出る。けれども、世界には、清潔な水が飲めずに病気になっていく人も大勢いる。

水が飲めることも、プールで泳げることも、実は当たり前なのではない。

美しい自然があるから、清潔でおいしい水を飲むことができ、プールで思いっきり泳げることに、子供たちは気づいていった。

――蛇口からそそいだコップ一杯のおいしい水に感謝――

今、
レンズを通して見ている
そのフレームが、
そのまま授業で使う資料になる。

21 写真は自分で撮る

福島県二本松市では、毎年秋に菊の祭典「菊人形」を開催している。これは、私が撮影した「菊人形」の会場の様子である（写真1）。この中に、〝ある優しさ〟がかくされている。お分かりになるだろうか。

地面に敷いてあるものに注目していただきたい。

ベニヤ板が敷いてある。

「菊人形」の会場となっている二本松城跡は、砂利道や坂道が多い。アスファルトで舗装することは、景観の上からも予算の面からも困難である。

そこで、ベニヤ板の活用である。

ベニヤ板を敷くだけで、ベビーカーを押したお母さんも、車椅子を使っている方も、いっしょに「菊人形」を楽しむことができる。

高額な予算がなくても、ちょっとしたアイディアで、こんなことができるのである。おそらく、祭りの実行委員会のどなたかが、最初にベニヤ板のアイディアを出したのであろう。

写真1

この発想力に脱帽である。

私は、このベニヤ板を撮影するために会場に行ったのではない。休日に菊人形を見に行って、偶然ベニヤ板の通路に気づいたのである。

こんなときは、記念撮影はさておき、教材用の写真撮影である。授業のシミュレーションをしながら撮影場所を選ぶ。

写真2

授業の最初には、会場全体の雰囲気が分かる遠景を見せよう。そう考えて撮ったのが、前頁の写真（写真1）である。そこで、注目させたいのは、敷いてあるベニヤ板である。

近景の写真を一枚（写真2）。

しばらく歩いていくと、ちょっと変わった階段があった。階段右側が線路のような形になっている。

これまたすごいアイディアだ。

ちょうど車椅子の車軸の幅に合わせて板を打ち付けてある。ということは、車椅子の幅にも規格があり、統一されているわけである。なるほど、また一つ、新しい発見があった。

ここで、階段の全景と、車椅子用通路をクローズアップした写真を撮影した（写真3）。

会場の出入り口付近には、貸し出し用の車椅子が用意されていた。

もちろん、ベニヤ板は会場入り口から始まり、出口まで続いている。

授業で使う写真は、授業者が自分で撮るのが一番である。教師が直接体験したことを、写真を通して子供たちに伝えることができる。

写真3

自分で撮影した写真は、肖像権が生じるような特別な場合を除けば、著作権は自分にある。写真を編集したり、写真を使って実践発表したりするときも便利である。

出来上がった写真は、Ａ３判に拡大コピーして使う。Ａ３判が、子供たちに提示するのにも、資料を保管するのにもちょうどいい。

Ａ３判のカラーコピーはコンビニなどで簡単にとれる。フリーのサイズからＡ３判にするときは、携帯の電卓機能を使って倍率を計算する。Ａ３判は、横の長さが四十二センチメートルである。四十二を原版の長さで割ると、それが倍率になる。例えば、一・七六という数値になったら、百七十六パーセント拡大すればピッタリＡ３判になる。知っておくと、ちょっと得する技である。

―ベニヤ板が誇らしげに敷かれていた―

子供を
追究へと向かわせるのは、
教材ではなく、
その教材を追究した
教師の姿なのである。

22 シャンプーボトルにきざみがついたわけ

シャンプーボトルの側面に、きざみ（ギザギザ）がついているのをご存知だろうか。

このきざみのおかげで、目が不自由な人も、さわっただけでシャンプーとリンスを識別できるようになった。

私は、『婦人之友』（一九九四年七月号、婦人之友社）を読んで、このことを知った。

『婦人之友』は、文字通り、婦人向けの雑誌である（私の愛読書……というわけではない）。新聞の広告欄を見ていたら、その月の『婦人之友』の広告が載っていた。特集に「障害者と共に」とある。

当時、私は、道徳授業のテーマの一つとして「福祉」を考えていた。だから、福祉に関する特集が組まれている雑誌は、逃さず目を通していた。今でこそ、福祉教育に対する理解が広まってきているが、何せ今から十年以上も前のことである。「道徳」で福祉を扱うだけで、「それは、『道徳』ではない」と、真顔で言う人がいたほどである。

特集の内容は、私にとって衝撃的であった。

私は、多少なりとも福祉に関心を持っていたので、ある程度の知識は身につけているつもりであった。ところが、シャンプーのきざみや電話機のプッシュボタン5についている凸、テレフォンカードのきざみなど、私が知らないことばかりだったのである。

『婦人之友』の特集で得た情報の中で、私が特に興味を持ったのは、シャンプーボトルについているきざみ（ギザギザ）についてである。

このきざみがつけられるまでに、どんな経緯があったのだろうか。

わざわざきざみをつけることは、経費もかさむのではないだろうか。

メーカー間の取り決めは、どうなっているのだろうか。

私は、このような疑問を大手メーカーである「花王」に問い合わせてみた。

すると、数日後に「花王」消費者交流センター（現消費者相談センター）の方から、お返事が届いた。返事には、次のようなことが書かれてあった（要約して記述）。

①シャンプーボトルのきざみの経緯について

シャンプーボトルの側面にきざみをつけたのは、一九九一年秋からである。これは、目が不自由な妹さんを持つ消費者の方からの一通の手紙がきっかけとなっている。目が不自由な方は、洗髪の際、シャンプーとリンスを識別するために、シャンプーに輪ゴムをまきつける等の工夫をしてきた。そこで、触っただけで識別のできる容器を開発することになった。

②きざみの経費について

シャンプーやリンスのボトルを作る際は、金型が必要である。それまではシャンプーもリンスと同じ型で製造していた。片方のボトルの形状を変更すると二種類の金型が必要になり、費用がかさむ。しかし、一人でも多くの消費者の方々に、使いやすく満足の得られる商品を提供するのは、メーカーの義務だと考えている。

③メーカー間の取り決めについて

きざみをつけた当初から、実用新案の権利を放棄して、各メーカーに協力を呼びかけてきた。このような事例には、業界の統一した対応が必要だからである。その結果、現在では、多くのメーカーから賛同を得て、ほとんどのシャンプーにきざみがついている。

シャンプーのきざみ誕生の背景には、たくさんの人の願いや苦労や工夫があったのである。目が不自由な妹さんを持つ方からの手紙。それに応えようとした「花王」の企業姿勢。そして、それを業界全体の共有財産とした各メーカーの方々。

どれをとっても、心温まるエピソードである。

―商品の後ろ側に人の心が見える―

授業では、シャンプーのきざみの他に、テレフォンカードのきざみについて紹介した。いくつかの例を知らせると、子供たちは、自分で追究へと向かうようになる。授業翌日の日記には、お札、テレビのリモコン、公民館のスロープや手すりなど、たくさんの追究結果が書かれてあった。

言葉を変えるのが
大切なのではない。
その言葉に込められた
偏見を捨て去ることが
大切なのだ。

23 肌色って何色？

ここに二種類の絆創膏がある。

一つは、肌色。もう一つは、褐色である。

普通、私たちが使っているのは、肌色の絆創膏である。褐色の絆創膏は、誰が使うために販売されているのであろうか。

授業で、この絆創膏を見せたときには、「格闘技をやっている選手が、強そうに見せるために、わざと目立たせて貼る」と考えた子もいた。

もう、お気づきだろうか。

これは、黒人用の絆創膏なのである（写真1）。

一九九六年十一月、地元の新聞に高校生の弁論大会の記事が載っていた。その弁論大会で優勝した女子高校生は、自身の留学体験をもとに、国際化をテーマにした論述をしていた。彼女の話の中に、褐色の絆創膏のことが出てきたのだった。

私は、褐色の絆創膏の実物を手にしてみたくなった。

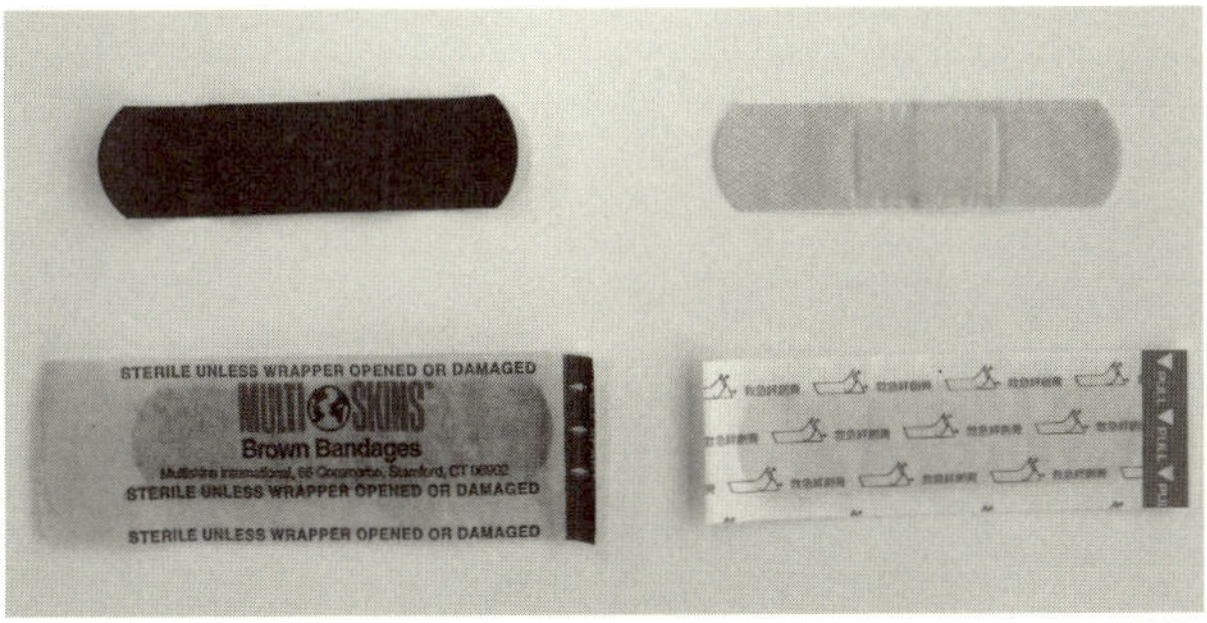

写真1

でも、どうしたら入手できるだろうか。

大手の薬局に聞いてみたが、国内では扱っていないということだった。

国内で買えないなら、外国で買ってくるしかない。とはいえ、絆創膏だけを買うために外国に行くのは、無謀である。

あれこれ考えているうちに、年末、年賀状を書く季節になった。私の大学時代の友人で、ワシントンに住んでいる方がいる。そこで、その友人への年賀状に、褐色の絆創膏を送ってほしい旨を書き添えた。

数週間して、小包が届いた。中身は、前頁に写真を掲載した褐色の絆創膏である。

日頃、普通だと思って使っていた肌色の絆創膏が、実は、そうではなかったのである。

そもそも、「肌色」いう名称は、日本国内だけのものである。

例えば、外国のクレヨンや色鉛筆には、「肌色」という名称の色はない。実際に、外国製の色鉛筆を調べてみるといい。手元に、スイス製の十八色入りの色鉛筆がある。色を見てみると、「肌色」と同じ色はある。だが、名称は「Pale Orange」(淡いオレンジ色)となっている。

外国の色鉛筆は、褐色の絆創膏よりは入手しやすいはずである。日本の「肌色」と外国の「淡いオレンジ色」を比べて、同じ色なのになぜ名称が違うのかを考えさせる。そこから国際理解教育へと進むことができる。

日本国内でも、「肌色」という名称を改める動きがある。

クレヨンの大手メーカー「ぺんてる」では、一九九八年秋から「肌色」という色名をやめて「ペールオレンジ」に統一することになった。これは、国際感情に配慮してのことである。一方、「肌色」という日本古来から使われてきた言葉を大切にすべきだ、という考えもある。「肌色」は、決して皮膚の色を指す差別的な言葉ではないという考えである。

子供たちが、今持っている色鉛筆やクレヨンを机の上に出して、比べてみるとおもしろい。メーカーによって、「肌色」と「ペールオレンジ」とに分かれる。ここから、「なぜ言い方が違うのか」という問いを子供たちから引き出すことができる。

褐色の絆創膏とペールオレンジのクレヨン。

これらを提示することで、〈無意識の差別〉を意識させる。

同時に、前項で述べた「商品の後ろ側に見える心」にも気づかせていく。

褐色の絆創膏は、肌が褐色の人のために開発された商品である。怪我をした箇所に貼った絆創膏があまり目立たないように、という思いから開発されている。

ペールオレンジという名称への変更は、「肌色」と言われて嫌な気持ちにさせたくないという思いから行われたのである。

「差別用語」と指摘されたから、名称を変えるのではない。

その言葉を差別と感じる人の存在を、第一に考えるべきなのである。

――教材開発は海を越えて――

「昔の日本人ってすごいな」

って、思う。

「今の日本人もすごいな」

って、
昔の日本人は思っているだろうか。

24 打ち水から日本の文化が見える

二〇〇五年の夏は、猛暑であった。

夏真っ盛りの七月、アニマル浜口さんの記事に出会った。「脱温暖化へ気合だ！」という記事である（読売新聞、二〇〇五年七月二十一日）。東京都の新橋駅前で行われた「みなと打ち水大作戦」の様子が伝えられている。浜口さんは、「気合で水をまき、ヒートアイランドを緩和しよう」と街ゆく人々に呼びかけた。

記事には、

「この日は、下水を浄化した水約二トンを駅前広場や路上に散水。」

とある。

もし水道水を使って「打ち水」を行ったとしたら、水資源の無駄使いになる。水を再利用しているからこそ、意義がある。

私は、次のような授業を構想した。

まず、浜口さんが「打ち水」をしている写真を提示し、

「『打ち水』をしていることをどう思うか」

を問う。

ほとんどの子は、

「涼しくなるし、健康のためにもいいから、賛成だ」

と答えるだろう。だが、

「水の無駄遣いではないのか」

という意見が出されるはずである。

ここで、どんな水を使えばいいのかを考えさせる。

「打ち水」は、江戸時代から日本の習慣であった。江戸時代の人たちは、米のとぎ汁や、掃除をした後の水、風呂の残り水などを使って「打ち水」を行っていた。家庭内の水の再利用を行っていたわけである。

「打ち水」には、涼しくするための他に、もう一つ大切な意味があった。

それは、お客様を迎える心遣いである。家の中を掃除した後は、玄関や門の前の道に水をまく。細やかな心遣いが、「打ち水」に込められている。

私たちが忘れてしまったのは、「打ち水」で涼をとるという習慣だけだろうか。

「打ち水」と一緒に、相手への心遣いを忘れてはいないだろうか。

他には、風鈴、蚊帳など、日本人が工夫してきたものがたくさんある。

蚊帳の実物を見たことがある子は、ほとんどいない。けれども、

「寝るときに、虫が入らないようにつるすネットのようなものだよ」
と話すと、子供たちから、
「知ってる！　トトロに出てくるよ」
という声があがる。アニメ「となりのトトロ」の一場面に、蚊帳が描かれているのである。

蚊帳は現在、ザンビアのアンゴラ難民にも送られ、蚊によるマラリヤ感染から子供たちの命を救っている。

二〇〇五年十一月二十三日の朝日新聞に、住友化学（株）の防虫蚊帳の広告が掲載されていた。住友化学にお願いしたところ、新聞全面広告と同じ大きさの鮮明なコピーといっしょに、下の写真を送ってくださった。

住友化学では、マラリア感染を防ぐための防虫剤を練り込んだ蚊帳を開発し、ユニセフ等を通じてアフリカ各国へ供給している。また、現地で蚊帳メーカーに無償で技術を提供し、生産体制を整えてきている。

アニマル浜口の「気合だ！」から、日本の文化へと学習が広がる。さらに、蚊帳の再利用を知り、世界へと子供たちの視点が向けられていく。

―日本人の知恵や繊細さを子供たちに伝えていく―

2007年2月、タンザニアの村で防虫剤入りの蚊帳が配られている。
（写真提供：住友化学（株））

動植物に愛情を注いでいる人も
動植物の命をいただいて生きている。
この矛盾を
どう考えればいいだろうか。

25 動植物の命をどう考えるか

競走馬・ディープインパクトが、二〇〇六年十二月に引退した。引退レースには、多くのファンが競馬場に押し寄せた。中には、涙ながらに最後の姿を追う人もいた。ディープインパクトは、現在、種牡馬として北海道で過ごしている。

では、サイレンススズカという競走馬を覚えているだろうか。「平成の天馬」と呼ばれた名馬である。一九九八年十一月、武豊氏が乗ったサイレンススズカは、ゴール手前のところで故障、競走中止となった。検査の結果、左手根骨を粉砕骨折しており、故障の程度がひどいため安楽死の処置がとられた。

競走馬は、骨折すると安楽死処分される場合が多い。これは、馬自身を苦痛から解放してあげるという考えもあるのかもしれない。ディープインパクトのように、怪我もなく引退した名馬は、その後も種牡馬として大切に扱われる。だが、それは、ごく一部の馬に限られる。サイレンススズカの安楽死処分について、たくさんの人々から「ひどすぎる」という抗議や「何とか助けて」という嘆願の声がよせられたという。

私は、知りたくなった。

「クラスの子供たちは、サイレンススズカの安楽死処分について、どう考えるだろうか」

私は、授業で子供たち（六年生）の反応を確かめてみようと思った。

サイレンススズカの安楽死処分について、あれこれ議論させるのではない。競走馬は骨折すると安楽死させられるという事実に対して、子供たち一人一人が自分の考えを持てばそれでいいと考えた。

授業では、まず、新聞記事を資料として、サイレンススズカの安楽死について知らせた。そして、原稿用紙に、自分の考えを書くように指示した。

子供たちの作文は、内容から分類すると、三つの「派」に分けられた。①「安楽死はかわいそう派」、②「仕方がない派」、③「中間派」である。全体的にみると、「かわいそう派」が多かった。けれども、骨折した競走馬についていくつかの知識を持っている子ほど、安楽死処分を一概に非難することはできないという考えを持ったようであった。

私も、サイレンススズカの安楽死処分については、「仕方がないこと」とは割り切れない気持ちでいる。けれども、もっと割り切れないことがある。それは、食材としての馬の存在である。馬肉は、さくら（馬刺しは、その肉の色からこう呼ばれている）として調理される。

私は、問いたい。サイレンススズカの安楽死処分に対して抗議の電話をかけた人は、これまで馬刺しを食べたことがないのか。この矛盾である。

食材として飼育された馬と競走馬は違うというなら、どこがどう違うのか。

この矛盾は、なにも馬だけに限ったことではない。飛来する白鳥を保護している人は、焼き鳥を食べたことがないのか。

動植物の命をテーマにした道徳授業を行う教師であれば、これらの問いに対する明確な答えを持つべきである（子供にもこれらの矛盾に気づかせるべきだ、と言っているのではない。子供には知らせなくてもいい事実もある。教師としての姿勢についてである）。

結論を言おう。

大事なのは、人間の命なのである。人間の命の範疇（カテゴリー）に入ってきた動植物の命は、人間の仲間として大事にされるようになるのである。

馬は、馬である。だが、競走馬として育てられ騎手が乗った時点で、その馬は騎手と同一化された存在となる。つまり、人間の命の範疇となり、食材とは区別される。

植物も同じである。生活科の学習で「アサガオさん、早くお花を咲かせてね」と語りかけた時点で、アサガオの命は人間の命の範疇となる。野菜に水をまいても、食材としての植物に語りかけたりしない。

動植物に愛情を注いでいる人を道徳の資料として取り上げるときがある。すると、どうしても食材としての動植物との矛盾にぶつかる。だが、命の範疇を考えれば、「無矛盾性の要求」は満たされる。

—だからなおさら　人間以外のものたちに優しくしてほしい—

第4章

道徳の時間が待ち遠しくなる

せっかくの余韻を台無しにするのは、
言わなくてもいい、
聞かなくてもいい、
余計な言葉である。

26 あれこれ聞かずに余韻を残す

「言葉にならない」という言葉がある。

かたい言い方では、「筆舌に尽くしがたい」という言葉もある。

英語では、beyond descriptionという言葉がある。

感動した経験は、言葉で置き換えることができない。言葉にできないから、経験なのである。何かいい経験したときには、その余韻が欲しい。

映画が終わって、エンディングの音楽が流れる。スクリーンには、制作に関わった人たちの名前が、次々に映し出されては消えていく。観客は、その名前を追ったりはしていない。なのに、誰も席を立とうとはしない。

余韻に浸っているからである。

せっかくの映画が終わった瞬間に、

「おもしろかったね」

などと声をかけられたら、せっかくの余韻が壊れてしまう。しばらくは、自分だけの静かなときを過ごしたい。それが無理なら、せめて、感想などを言わされたり聞かされたりするのは御勘弁願いたい。

……という感覚が、道徳授業を受けた子供たちにも、きっとあるはずだ。

例えば、六番目の道しるべ（本書三三ページ）に記した盲導犬サーブの授業である。

この授業は、紙芝居の読み聞かせでエンディングを迎える。あれこれ感想を発表させたり、教師の説話を聞かせたりすることはない。サーブの写真のプレゼントという「おまけ」がついているが、これは紙芝居の余韻をさらに深める効果がある。

何も聞かなくていいのである。

「子供たちからこんな感想を引き出したい」

などと考えるよりも、

「言葉にならない思いを子供たちに伝えたい」

と考えた方がいい。

授業を、ギターの弾き語りで終えることもある。

アホウドリの授業（十二番目の道しるべ、本書五七ページ）では、シンガーソングライター・イルカさんの「いつか冷たい雨が」を歌った。

この曲に、次の一節がある。

牛や鳥やおさかなも　人間の為にあるのよ
サァ残さずに食べなさい

そんな風に言うおかあさんにはなりたくありません
でも私だって　食べて育って来たのだし
虫だって　殺したこともあります

だからこそ、なおさら、私たち人間は、他のものたちにもっと優しくしなければならないというメッセージである。

歌い終えた後、

「先生の歌は、どうでしたか」

などと、聞いたりはしない。歌って（聴かせて）、授業は、終了である。

余韻の残る授業は、心地よい。また次の時間、心地よさを味わいたくなる。

「道徳って、あってよかったなぁ」

と言うのは、余韻の残る授業の心地よさを知っている子供たちである。

授業の最後に、数名の子を意図的に指名して感想を発表させたとする。授業は、何となくまとまった感じになる。けれども、それは、教師の都合でやっていることである。

授業の「まとめ」がないと、教師は不安になる。

案ずるなかれ。子供たちは、授業の余韻に心地よさを感じるようになる。

そして、次の道徳の時間を楽しみに待つようになるのである。


―授業には心地よい余韻がほしい―

教科の学力のために
宿題があるのなら、
心の学力のために
道徳の宿題があってもいい。

27 道徳の宿題を出す

道徳の時間がある二日前、こんな宿題を出した（三年生に実施）。

【連　絡】

◎あさってまでに、

・むかつく　・いらつく　・きれる

の本当の意味を調べて、日記ノートに書いておいてください。

それから、こういう言葉を使っているマンガがあったら持って来てください。

道徳の勉強で使います。

国語辞典で調べてきた子や、家の人から聞いて書いてきた子など、さまざまだった。

（児童のノートから）

①「むかつく」　国語の辞典を調べたら、意味が二つありました。一つ目は、胸がむかむかする。二つ目は、しゃくにさわって腹が立つ、でした。ぼくが友達と話をするときに使うのは、二つ目の意味に近いと思います。

②「きれる」の意味は、お母さんに聞いたら、「紙を切る」と言う意味ではなくて、昔から言っている言葉に「堪忍袋の緒が切れた」という言葉があるそうです。意味は、「がまんをしまいこんでいる袋がいっぱいになって、ひもが切れて、がまんができなくなって怒ってしまうことだ」とお母さんは言っていました。だから、とつぜん怒り出すことだと思います。

③「いらつく」は、苛立つという言葉が変身した言葉で、思い通りにならなくていらいらすることです。ぼくも、ときどきこういう言葉を使ってしまいますが、ぼくが言われたときは、「やだな」と思います。

マンガの方は、当時人気のバスケットボールマンガ『スラム　ダンク』の場面を探してきた子がいた。それには、「キレる」という言葉が載っていた。

『SLUM DUNK』
井上雄彦・著
（集英社）

授業では、まず、子供たちの発表をもとにして、黒板に「むかつく」「いらつく」「きれる」の言葉本来の意味をまとめた。そして、『スラム　ダンク』に出てくる言葉を、このマンガを持って来た子供に発表させた。

その場面には、試合中の相手選手のプレーを見て、

「やつはキレる。そうとうキレる」

というせりふが書かれてある。これは、いい意味の言葉である。「きれる」という言葉には、「頭がいい」とか、「スポーツの技がうまい」とかいう意味があることを確認した。

次に、この年に起きた数件の事件について、新聞記事を使って伝えた。いずれも、ささいな出来事に対して、「むかつく」と言ってキレて、人を殺傷した事件である。

子供たちは、これらの事件を知り、

「むかつく・きれるという言葉は、悲しい思いをさせる言葉、なければいい言葉だ」

と言った。

最後に、紙芝居（月刊誌をもとにして作成）である。悪口しか言ったことがなかった少女がいた。少女は、母親が病気になったとき、初めて、

「お母さん、死なないで！」

と、悪口以外の言葉を言う。それ以来、幸せな言葉を言うと、世の中に幸せなことが増えていく、という話である（月刊『おひさま』平成八年五月号、小学館）。

子供たちには、幸せな言葉を使ってほしい。そして、幸せになってほしいと願って実施した授業である。

翌日、学級通信でこの授業の様子を家庭にも伝えた。保護者からは、「この前の宿題が、こういうふうに使われたのですね」というお便り（連絡帳）が届いた。

宿題をしっかりやってくれれば、その時間に対する学習の心構えができる。

それは、教科でも道徳でも同じことである。

―言葉は心の鏡である―

子供たちにも
それなりの人生経験がある。
資料に自分の経験を結びつけて
考えれば、
道徳の時間は
全員が発言できる。

28 すべての子供に発言させる

「話し合いこそが、最高の学習活動である」などと、話し合い活動を過大に評価するつもりはない。

「自分から挙手をして何度も発言している子が、一番学習意欲が高い」などと評価するつもりもない。その子が発表できるのは、まわりに聞いてくれる子がいるからである。友達の発言に一生懸命に耳を傾けている子がいる。こういう子の姿勢こそ、積極的受動性として評価してあげたい。

しかし……。やはり、一時間のうちに一度は、全員に発言の機会を与えたい。すべての子が発言できる授業を、特に、道徳の時間では目指したい。

発言は、自分の意思表示である。

教科の学習で、内容の理解が不十分であるために発言できないのなら仕方ない。

しかし、道徳の時間である。

心の学力に、差はないはずである。逆に言えば、心の学力に差をつけてはならない。道徳の「落ちこぼれ」だけは、絶対につくってはならないのである。

提示された資料に、自分の経験を結びつけて考える。これが、道徳の時間における基本的な思考形式である。教師から発せられる問いの吟味は、「資料と子供の経験とをいかに結びつけるか」が焦点となる。例えば、

「羽毛布団が売られていることをどう思うか」

という問いである。正確に言うと、この問いは、

「羽毛布団が売られていることを、あなたはどう思うか」

となる。

発言しようとしない子には、

「他の人はどう思っているかを聞いているのではありません。あなた（自分）は、どう思っているかを聞いているのですよ」

と、柔らかに話しかける（話している中身は、発言の強制である。だからなおさら、口調は柔らかにする）。

すると、子供は、

「ぼくは、……と思います」

というふうに、自分の考えを話し出すようになる。

まわりから「発言に消極的だ」と思われている子だって、実は、みんなの前で発表したいと思っている。

思っているのにできないのは、臆病なのか、やり方が分からないのか、のいずれかである。臆病なのであれば、場数を踏ませることだ。発言をしなければならない場面を設定し、経験を積ませる。もちろん、その過程において、できたことは具体的に誉めて自信をつけさせていく。

やり方が分からないのであれば、教えればいい。自分の考えを「ぼくは、……と思います」と短く言う。その後で、そう思った訳を話す、という発言の型を教える。

一枚の写真を資料にして子供の意見をつなぎ合わせていく授業では、まず、資料から気づいたことを全員に発表させる。そして、出された発表をもとにして、授業を組み立てていく。

低学年の時期に心すべきは、子供たちのつぶやきを禁じないことである。

何かを問いかけたとき、子供たちが、ごちゃごちゃ話し始めることがある。これは、それだけ、教師の問いに反応しているということなのである。歓迎すべき事態である。

それを「うるさいから」という理由で禁じてしまうと、次第に子供は口を閉ざすようになる。つぶやきを禁止するのではなく、つぶやきの質を高めることが大切である。そして、授業の核心に関わるようなつぶやきを拾い上げ、授業を展開していくべきなのである。

道徳の時間には、全員が一度は発言する。そういう「おやくそく」を、毎時間の授業を通して、子供たちに意識づけておくのである。

―授業は、聞いているよりも話している方が楽しい―

たった一つの
短い言葉で、
一時間の授業が
できるようになる。

29 道徳が得意な子を育てる

二〇〇六年十二月八日の朝日新聞朝刊に、こんな全面広告が載っていた。ＮＳＫ（日本精工株式会社）の広告である。「届けたい」の言葉のわきには、坂本九さんのヒット曲「見上げてごらん夜の星を」の歌詞が書かれてある。

　何を届けたいのだろうか。

　誰に届けたいのだろうか。

子供たちなら、「届けたい」の言葉から、何を想像するだろうか。

私は、この広告一枚を使って、授業をやってみることにした（二年生に実施）。

まず、黙って、この新聞広告を黒板に貼った。

子供たちからは、さっそく、

「とどけたい……」

という声が聞こえた。

「届」という漢字は、二年生では学習していない。けれども、読める子が何人か

2006年12月8日（金）朝日新聞　掲載

見上げてごらん夜の星を
小さな星の　小さな光が
ささやかな幸せをうたってる
見上げてごらん夜の星を
ボクらのように名もない星が
ささやかな幸せを祈ってる

「見上げてごらん夜の星を」歌／坂本九
作詞／永六輔　作曲／いずみたく

いる。これは、「届」という漢字に見覚えがあるからである。見覚えがあると、少々難しい漢字でも読める。それは、読書量の多い子である。または、国語の教科書だけでなく、日常の中で目にする漢字に敏感な子である。道徳の時間に、資料の中の難しい漢字を読むことができた。これは、子供にとって、ちょっとした自信になる。

「届けたい」の読み方を確かめてから、子供たちに聞いかけた。

「あなたなら、誰に、何を届けたいですか」

次のような発表があった。

・友達に、「誕生日おめでとう」という手紙を届けたい。
・友達に、「いつも仲良く遊んでうれしいよ」という言葉を届けたい。
・お母さんに、いつもありがとうの気持ちを届けたい。
・入院しているおばあちゃんに、元気を届けたい。
・戦争をしている国の人たちに、平和を届けたい。
・食べ物がない国の子供たちに、給食を届けたい。

「誰に?」の問いに対する子供たちの答えは、「友達に・家族に・外国の人たちに」の三通りに分けられた。届けたいものの中身は、気持ち、手紙、言葉、食料など、さまざまであった。そこで、

「みんなが考えた『届けたいもの』を一つの言葉でまとめることができますか」

と聞いてみた。

子供たちは、これらを、

「幸せ」

という言葉にまとめた。

「見上げてごらん夜の星を」の中に、「ささやかな幸せを祈ってる」というフレーズがある。広告に書かれてあるこのフレーズを読んで聞かせたところ、

「やっぱり、幸せを届けたいんだよね」

と話した子がいた。

この授業の資料は、「届けたい」という一つの言葉である。

一つの言葉で、子供たちは、一時間の授業をつくりあげている。

道徳が得意なのである。

道徳が得意な子とは、資料に自分の経験を結びつけて考え、それを言葉で表現できる子である。

経験と結びつけて考えるからこそ、資料が伝えるメッセージを他人事ではない「自分事」として受けとめることができる。そして、経験に基づいた具体的な言葉として、表現することができるようになるのである。


―誰かに幸せを届けられる人は　幸せである―

土曜日、夕方七時。
「巨人の星」が楽しみだった。
連続ドラマは、
週に一度がちょうどいい。

30 道徳授業を「連続ドラマ」に仕立てる

道徳授業は、単発で実施されることが多い。というより、単発でも実施できると言った方が的確かもしれない。教科であれば、当然、既習事項の積み上げがあって、本時の学習が成り立つ。教科の学習では当然のことが、道徳の学習ではそうではないのである。

そこで、道徳の授業にも連続性を持たせてみる。

例えば、「平和とは?」（十八番目の道しるべ、本書八三ページ）の授業である。

世界の三か国（アフガニスタン・アメリカ・日本）で、「あなたにとって、平和とは何ですか?」という質問をした。その結果を示す新聞記事を資料にして行ったのが、「平和とは?　第一時」の授業である。

翌週、「平和とは?　第二時」の授業を実施する。

前日、子供たちには、次のように予告しておく。

「明日の道徳で、平和についての学習をします。先週やった『平和とは?』の授業の続きになります。『自分にとって、平和とは何か』、考えてきてください」

ここでは、「ノートに書いてきなさい」という宿題にはしない。ノートに書いて準備させると、どうしても書いてあることに頼ってしまうからである。

当日の授業では、まず、全員に自分の考えを発表させる。これは、自分自身の平和の定義づけである。子供たちの発表を内容で二通りに分けながら板書していく。


A（平和とは？）
・友達と仲良く過ごせること。
・毎日、ふつうに生活できること。
・着る服があって、食事ができて、家があること。
・家族が健康なこと。

B（平和とは？）
・テロや戦争がないこと。
・殺人事件のような犯罪がないこと。
・戦いや争いがないこと。
・命が危ないようなことがないこと。
・命を大事にして生きていけること。

どうやら、平和には、二つの意味がありそうである。上段（A）の考えは、どんな言葉でまとめることができるだろうか。下段（B）は、どうなるだろうか。

子供たちは、それぞれを「日常」と「戦争がないこと」という言葉でまとめた。

では、この二つの言葉（日常↔戦争がないこと）は、全く違う意味なのであろうか。

ほかの人と仲良く暮らせれば、他の国の人とも仲良くできるはずである。普通に生活ができるということは、戦争や殺人がないということである。つまり、毎日の生活を穏やかな気持ちで過ごしていれば、戦争は起こらないはずなのである。

ここで、ミュージシャン・槇原敬之さんの写真を提示する。

槇原さんは、平和への願いを込めてある歌を作った。子供たちもよく知っている有名な歌、「世界に一つだけの花」である。個性尊重がテーマと思われがちな歌であるが、この歌には平和への願いが込められている。曲を聴きながら、どの言葉から平和への願いを感じ取ることができるかを話し合った。

これで、連続した二つの授業ができた。ここから、さらにドラマは続いていく。槇原さんは「この歌の大事なところをどうかみんなに伝えてほしい」という願いをSMAPに託したという。それには訳があった。それは、槇原さんがその三年前に犯してしまった過ち（麻薬保持）だった。

歌手としての絶頂から、一つの過ちでどん底に落ちた。そんな中、槇原さんを救ってくれたのは、矢野顕子さん（音楽家）からの一通の手紙だった。やっと自分を取り戻した槇原さんは、「目の前にいる人のために、自分は何ができるのだろうか」と考えて生きていきたいと思った。その思いが表れた曲がある。「僕が一番欲しかったもの」である。

「平和とは？」のインタビュー記事をもとにした授業から、「世界に一つだけの花」に込められた平和への願いを考える授業へ。そして、槇原さんの生き方を知る授業へ。

人の弱さも温かさも、落胆も希望も、すべてを素直な気持ちで見つめる道徳授業である。

――花に思いを託して――

情報量が少ない──。
これが、読み物資料の弱点である。
だったら、
本を丸ごと一冊
読んであげればいい。

31 読書指導（読み聞かせ）への発展

あるファミリーレストランに入ったときのことである。

店内のどこからか、英語で話す声が聞こえた。会話であれば、複数の声が聞こえるはずである。ところが、耳を傾けて聞いてみると、声の主は一人である。携帯電話は、まだ普及していなかった頃である。独り言にしては、話が長すぎる。声が聞こえる方を振り向いてみた。謎が解けた。外国人のお父さんと小学校低学年ぐらいの男の子が、食事が来るのを待っていた。お父さんは、その間、我が子に本を読んであげていたのである。

私にとって、この光景は非常に新鮮であった。もちろん、外国人の父と子であったことも、一因である。だが、それ以上に、絵も何もない文字だけの本を父親が子供に読んであげているという光景が、私にとって初めての出来事だったからである。

何も飾らずに、父は本を声に出して読む。子は、父の声に静かに聞き入っている。そうするうちに、注文した食事が届き、その親子の読書タイムは終了した。

「読み聞かせ」というと、子供たちをまわりに集めて、絵を見せながら文を読んで聞かせる、というイメージがある。けれども、文字通りに考えれば、文だけを読んで聞かせるのが「読み聞かせ」ということになる。私は、担任していた五年生に、「文字通りの読み聞かせ」を行いたいと思った。

何かを始めるには、何かきっかけが欲しい。私は、道徳授業をきっかけとして「文字通りの読み聞かせ」を始めることにした。

ある社の五年生の副読本に、「銀のろうそく立て」という資料がある。ヴィクトル・ユーゴー作『ああ無情』（レ・ミゼラブル）の一場面を資料にしたものである。

主人公ジャン・バルジャンは、貧困のあまり家族のために一切れのパンを盗み、その罪で長年牢獄生活を強いられた。ある夜、ミリエル司教の家に泊めてもらったジャン・バルジャンは、部屋にあった銀の燭台を盗んでしまう。警察に連れられてきた彼に、ミリエル司教は、「その燭台は、昨夜あなたにあげたものだ」と言う。司教の情愛にふれた彼は、善良な人間として生きていくことを誓う……。

副読本資料は、ここで終了する。この資料の内容項目は、「寛容」ということになっている。「ミリエル司教のような、人を許す寛大な心を持ちましょう」というのであろう。

だが、『ああ無情』を一冊読んでみれば、この話が「寛容」などというたった一つの価値観では語りきれないことがよく分かる。ジャン・バルジャンは、最期に、「愛することと、愛されること。それ以上に大切なことなど、この世にはない」と言って、息を引き取る。

一八六二年（私が生まれるちょうど百年前である）に書かれた作品が今も本や演劇で愛さ

れ続けているのは、切ないまでの人間愛が『ああ無情』に描かれているからなのである。

授業は、四月、新年度が始まって間もない時期に実施した。授業後、「文字通りの読み聞かせ」がスタートした。『ああ無情』は、三百ページ近くある長編である。朝の会や帰りの会、国語の時間などを利用して、毎日読んだ。そして、約一ヶ月かかって、ようやく全部を読み終えることができた。翌日、こんなお便りが届いた。

昨晩、夕食時に、○○が、「『ああ無情』、今日読み終わったの。涙が出るほど感動したよ」と、家族の前で話してくれました。それを聞いた妹は、「教室にもあるんだ。今度、読んでみよう」と話をしていました。最近、○○は読書に楽しさを感じている様子です。

仕事で疲れて帰ってきた私は、学校での出来事を聞いてうれしく思いました。先生が読んでくださったとのこと、感動を与えてくださってありがたく思い、ペンをとったしだいです。

読書は、子供たちに「よりよい生き方」のモデルを示してくれる。素敵な生き方にたくさん出会った子供たちは、「自分もあんな生き方をしてみたい」という憧れの気持ちを抱くはずである。

それは、直接体験であれ、読書を通じた間接体験であれ、憧れの気持ちは同じである。


――誰かに優しくされたから、誰かに優しくできる――

楽しい時間は
あっという間にすぎていく。
一生懸命に考えていると
授業時間も
あっという間にすぎていく。
楽しい授業とは
一生懸命に考える授業である。

32 教師が楽しんでこそ

道徳の時間が待ち遠しくなるのは、子供はもちろん、教師も授業を楽しんでいるからである。

授業の前日は、子供たちの反応をシミュレーションしながら、準備をする。

ここで、この発問をする。子供たちがこうきたら、こう切り返そう。

あれこれ考えていると、わくわくしてくる。

道徳に限らず、自作教材を使って行う授業には、失敗はない（と、あえて断言しよう）。

それは、自作教材には、教師の意地があるからだ。誰も、わざわざ自分で教材をつくってまで、授業の失敗作をつくりたいとは思わない。意地でも、いい授業をしてやる。その教師としての意地が、自作教材には込められている。当然、授業の準備にも気合が入る。教師の気合が、子供にも敏感に伝わるのである。

授業中に教師が感じる楽しさには、どうやら二通りあるように思う。

一つは、子供たちからシミュレーション通りの反応が返ってきたときに、感じる楽しさである。

例えば、「カラスは子どもたちの友だちだった」※の授業である。

昔、童謡にも歌われているように、カラスは、子供たちの友達だった。大昔、神話の世界では、カラスは神様の使いとされていた。カラスが嫌われてしまった理由を環境問題の視点から考えさせていく。

授業では、まず、知っている鳥の名前を発表させ、板書していく。全員に発表させると、誰か一人は必ず「カラス」と言う。次に、板書された鳥のことを「好き」か「嫌い」か「どちらでもない」か、挙手で確認する。すると、「カラス」のところで、ほぼ全員が「嫌い」と答える。予想通りの反応に、内心、ちょっとほくそ笑む。

この後は、カラスが嫌われる理由を考える。そして、カラスが嫌われてしまったのは、人間の環境破壊やごみ問題のせいではないのか、という議論へと進んでいく。

もう一つは、反対に、教師が全く予想していなかった反応が、子供たちから出されたときに感じる楽しさである。

例えば、「カッパの涙」※の授業である。

涙を流しているカッパのイラストを提示する。自分の住む川が、人間が出したごみで汚されてしまった。それで、カッパは、涙を流している。

ところが、イラストを見て気づいたことを子供たちに問うと、提示した教師の意図とは別に、子供たちは、カッパの甲羅に注目していった。「なぜカッパが泣いているのか」ではな

※『**とっておきの道徳授業Ⅴ**』佐藤幸司・編著（日本標準）一二三ページ参照。

※『**とっておきの道徳授業Ⅵ**』佐藤幸司・編著（日本標準）三九ページ参照。

く、「カッパの甲羅は何のためにあるのか」が論題になっていったのである。ある子は、

「カッパの背中に甲羅がある。これは、敵から身を守るためにある」

と発言した。そこで、

「カッパの敵は、誰なの？」

と聞いてみた。すると、子供たちは、

「人間だ」

と答えた。

人間は、カッパの住む川を汚してきた。川に食べ物がなくなったカッパは、畑に下りていってキュウリを盗んで食べた。それで、カッパと人間は、敵同士になってしまった。

自然が美しかったころは、人間とカッパは仲良しだった。人間が自然を壊してきたから、仲が悪くなり、きれいな川もなくなって、カッパが涙を流している。

子供たちは、甲羅に注目することから、カッパの涙の意味について考えていった。

授業をしていて、鳥肌が立つ瞬間というのがある。それは、教師が予想もしなかった反応が子供から出された瞬間である。

ほくそ笑む瞬間と鳥肌が立つ瞬間——。どっちが楽しいだろうか。

(私は、どっちも楽しい)。

―教師が楽しければ　子供も楽しい―

第5章

道徳授業の力を信じる

彼は、アンドレのような男だ。

この文を理解できるのは、
大巨人と言われたプロレスラー
アンドレ・ザ・ジャイアントを見た経験のある人である。
学習とは、経験の再構成である。
自分の経験に新しい知識を加えて
また新しい経験を築いていく。

33 教科の学習にも転移する思考形式

道徳の時間は、子供の心を育てる時間である。別の言い方をすれば、道徳の時間は、子供に心の学力をつける時間である。心の学力とは、人間らしい心の美しさを持って生きていこうとする力である。

だが、道徳授業が子供たちにつけているのは、心の学力だけではない。教科の学習に、道徳の時間に身につけた「力」が生かされてくるようになる。

資料に自分の経験を結びつけて考える。

道徳の学習では、この考え方（思考形式）が基本となる。

いくら立派な言葉を並べた意見でも、自分の経験と結びつかないのであれば、それは他人事に過ぎない。逆に、的外れと思われるような意見でも、そう考えた理由の中に授業の核心にふれるような子供の経験が関係していることもある。

道徳の時間に身につけた「力」（＝自分の経験をもとにして考える思考形式）が、教科の学習でも生かされてくるのである。

例えば、「かさこじぞう」という民話がある。二年生の国語の教材になっている。

その中に、次の文がある。

じいさまは、おつむの雪をかきおとしました。

私は、次のように尋ねた。

「地蔵様のおつむは、凍っていますか」

この発問により、子供たちは、「かきおとしました」という言葉に注目する。雪をさらりと払ったのではなく、つめをたててかきおとしたのである。じいさまが素手で凍っていた地蔵様の雪をとってくれたことが分かり、じいさまの優しさを読み取らせることができるはずである。

だが……。

子供たちから、

「『かきおとしました』と書いてあるから、地蔵様のおつむは、凍っていないと思います」

という意見が出された。

「凍っていたら、つめでかきおとせない」と言うのである。

北国・山形の冬は、寒さが厳しい。

冬の朝、車の窓はがちがちに凍っている。道路の水溜りだったところは、スケート場のような硬い氷ができている。とても、つめでかき落とせるような硬さではない。

子供たちは、自分が見て触って感じた経験をもとにして、この表現を解釈したのである。

教材と自分の経験を結びつけて考える思考形式。

これは、道徳の時間に毎回大切にしてきた考え方である。

『かさこじぞう』の最後の場面。六人の地ぞうさまは、じいさまの家に、「米のもち、あわのもちのたわら、・・・ごんぼやだいこんのかます、おかざりの松など」を届けてくれた。

私は、次のように尋ねた。

「地蔵さまが届けてくれたのは、これで全部ですか」

これは、助詞「など」に注目させるための発問である。

だが、ここでも、子供たちの反応は、私の予想を越えていた。

「など」は、「こういうものなど」という意味である。地蔵さまが届けたのは、ものではない、というのである。では、何を届けたのかを聞いてみたところ、

・よいお正月を届けた。

・ありがとうの気持ちを届けた。

・他の人に親切にすると、自分にいいことがあるよ、と教えてくれた。

という意見が出された。

子供たちは、一つの具体的な行為から、その行為に至った心の部分を考えていた。

行為を支える心の内側を考える。これも、道徳授業で大切にしてきた思考形式であった。

―昔話の主人公は　みんな優しい―

自分が
「こんなことできるはずがない」
と思っていることを子供に教えることはできない。
自分が
「ちょっと白々しいな」
と感じたことを子供に伝えることはできない。
だから
自分でつくるのである。

34 つくり　広める　～実はみんな道徳が大好きだった～

私は、道徳が大好きである。

だから、担任する子供たちも道徳が大好きである。

「次の時間、何だっけ?」

「道徳だよ」

「やった!」

子供たちのこんな会話を耳にすることがある。私も、内心、

「やった!」

と思う。

担任が好きな教科を、子供も好きになる。クラスで「好きな教科」のアンケートをとると、たいてい一位は体育である。その次にくるのが、担任が好きな教科である場合が多い。教師が子供たちに与える影響の大きさに、畏れを感じずにはいられない。

「どうして、そんなに道徳に入れ込んでいるんですか」

と、聞かれることがある。

正直言うと、立派な理由など全くない。初任の学校が道徳教育研究の指定校だった。それだけのことである。

初任の学校で、私は、「基本型」と呼ばれる道徳授業を学んだ。

資料は、副読本の読み物資料を使う。主発問では、登場人物の気持ちを問う。その後、自分の生活を振り返る。最後に教師の説話で終わる。概ね、このような流れの授業である。

「基本型」の授業は、私にとってたいくつであった。どうも、白々しい感じがしたのである。

いくら、

「普通は、こうやるものだ」

と教えられても、性《しょう》に合わないのだから仕方がない。

自分が納得する教材がないのだから、自分でつくるしかない。

私は、自分の性にあったネタ（別の言い方をすれば、自分の感性に響いたネタ）を使って道徳教材を開発するようになった。

以来、二十年になる。

いったい、どれだけの授業をつくってきただろうか。

五、六年前に聞かれたときには、

「おそらく百本は超えているでしょう」

と答えている。

正確に数えたことはないが、現在では、おそらく百五十本前後になるかと思う。

むろん、最初は、批判も多かった。

「副読本を使わなければ、道徳とは言えない」

という声も耳にした。

けれども、いくら批判されようと、私には、自信があった。それは、既成の副読本資料を使った授業よりも、多少荒削りであったとしても、担任が子供たちのために自分で開発した資料を使った授業の方が子供の心に響く、という自信である。

この自信は、オリジナル道徳授業の実施を重ねるごとに、確信へと変わっていった。

自信から確信へと導いてくれるのは、授業の手ごたえである。授業中の子供の反応、道徳の時間を楽しみにしている子供の様子、そして、徐々にではあるが確実に温かくなっていく学級の雰囲気……。

子供の事実、授業の事実ほど、力強いものはない。

道徳授業を自分でつくりたかった。自分の感性を信じて、教材を開発し、授業を行ってきた。気がついたら、たくさんの同志がいた。

なぁんだ、みんな道徳が大好きなんじゃないか。

道徳授業は、私に、日本中の同志との出会いをプレゼントしてくれた。

―志あるところに　人は集まる―

一週間でたった一時間しかないのに
一年間でたった三十五時間しかないのに
いつまでも
子供たちの心に残っている。
やっぱりすごいよ、
道徳授業は！

35

温かい雰囲気で実感する

道徳授業を一時間やったからといって、子供たちが劇的に変容するはずがない。もし、そんなことがあるのなら、世の中から少年犯罪がなくなるはずである。

だが、道徳授業を毎時間きちんと実施していくと、学級内のある変化に気づく。

学級の雰囲気が、温かくなってくるのである。

これは、教師が実感するしかない。実感するためには、子供といっしょに過ごすことだ。

「道徳」という同じ時を、教室という同じ空間で過ごす。時と空間を子供たちと共有することによって、教師は道徳授業の手ごたえをはっきりと感じることができるはずである。

道徳授業には、学級の雰囲気を温かく変えていく力がある。道徳授業と学級づくりは、密接に関わり合っているのである。

平成十八年度、私は「ありがとう」をテーマに学級づくりを進めた（二年生）。

素直に「ありがとう」と言える子になろう。人から「ありがとう」と言われる子になろう。

これは、前年度（一年生）に実施した道徳授業がきっかけとなっている。

「うれしい言葉といやな言葉」について考えた授業である。

友達から言われて「うれしい言葉」と「いやな言葉」を紙に書き発表させた。

「いやな言葉」は、悪口やあだ名・呼び捨てなど、さまざま出された。

「うれしい言葉」は、ある言葉が圧倒的多数で出された。それは、「ありがとう」である。

「ありがとう」は、不思議な言葉である。

「ありがとう」は、人のために何かをしてあげたときに返ってくる言葉である。自分だけ好き勝手なことをしていたら、絶対に返ってこない言葉である。人のために何かをするには、労力がいる。小学校低学年は、まだまだ自己中心性が抜けない時期である。けれども、子供たちが言われて一番うれしい言葉が、「ありがとう」なのである。

なぜ、子供たちは「ありがとう」と言われるとうれしいのであろうか。それは、人のためになることができた自分を感じるからである。「自分って、結構やれるな」という思いを抱くようになるからである。その思いが、やがては自分自身を大事にしようとする自尊感情へと育っていく。

「ありがとう」をテーマにしながら、自尊感情を持った子供に育てていく。

これが、私の学級づくりの目標になった。

目標が決まったら、それを達成するための方策が必要である。私は、道徳授業を学級づくりの中核に据えた。「ありがとう」をテーマにした道徳授業の大単元構想である。

本書でも、「ありがとう」の道徳授業をいくつか述べてきた。「アンパンマン」の授業では、

「正義とは、『ありがとう』と言われる行いである」と定義づけた。三枚の広告写真㈱栗田工業）を使った授業は、「水への感謝」がテーマになっている。「べいごま」の授業では、幼い頃叱ってくれた母への感謝の思いを考えさせた。

いくつかの授業が「ありがとう」で結びつき、大単元「ありがとう」が構成されていく。年間三十五時間すべての授業が、この大単元に含まれるのではない。だが、それぞれの授業は、互いに緩やかな関わりを保ちながら、自尊感情を持った子に育てるという共通の目標のために存在している。

修了式の日、こんな日記を書いてきた子がいた。三十五の道標《しるべ》の最後に読んでいただきたい。

この二年間

私は、この二年間、一組になれて幸せでした。一人一人名前を書きます。（この後、学級全員の名前が書かれてある）計二十四名のお友達と二年間いっしょでした。二十四人で、わらったり、泣いたり、けんかをしたり、いろいろなことをいっしょに学びました。でも、クラスがえもあるし、Tくんがひっこしするので、さびしいです。でも、ちがうクラスになっても、ほかのお友達となかよくしたいです。

この二十四名に、「ありがとう」と伝えたいです。

先生、いろいろありがとうございました。私のことをわすれずに。

―「ありがとう」への返事は「ありがとう」がいい―

おわりに

道徳授業は、自分でつくる。
なぜなら
そこには
担任から子供たちへの
あふれんばかりの思いがこもっているのだから。

平成十九年三月十九日

佐藤幸司

著者紹介
佐藤幸司（さとう　こうじ）
1962年，山形市生まれ。1986年より教職。山形県小学校教諭。「道徳教育改革集団」所属。温かみを感じる素材でつくる「ほのぼの道徳授業」を提唱し，独自の主眼による100を超えるオリジナルの道徳授業教材を生み出している。
【主な著書】
『温かいネタで創る「道徳」授業』，『温かいネタによる「道徳」教材開発』，『心を育てる「道徳」の教材開発』（以上，明治図書出版），『ギターで演出　音楽授業のニューバージョン』（共著　明治図書出版），『とっておきの道徳授業Ⅰ～Ⅸ』（編著　日本標準）。

Series 教師のチカラ
道徳授業は自分でつくる　35の道しるべ
2008年4月10日　第1刷発行
2011年1月10日　第3刷発行

■著　者. . . . .　佐藤幸司
■発行者. . . . .　山田雅彦
■発行所. . . . .　株式会社　日本標準
東京都杉並区南荻窪3-31-18　〒167-0052
電話　編集　03-3334-2653　販売　03-3334-2620
URL　http://www.nipponhyojun.co.jp/
■カバー／イラスト. . . .　広瀬克也
■編集協力. . . . .　矢萩典行
■印刷・製本. . . . . . .　株式会社リーブルテック

乱丁・落丁の場合はお取り替えいたします。
JASRAC出0802149-003　ISBN978-4-8208-0330-0